일본의 이중권력, 쇼군과 천황

차례
Contents

03 들어가는 말 06 권위와 권력의 이중지배구조란? 12 대왕으로부터 덴노로: 고대 일본 중앙집권체제의 완성 22 덴노정부의 이중지배구조 31 이중정부에 의한 이중지배체제 50 메이지헌법체제에서의 정치권력 일원화와 좌절 77 현대 일본정치의 무책임체제 84 일본 정치문화의 주변성을 극복해야 한다

들어가는 말

 의원내각제하의 영국의 수상(Prime Minister)이나 미국과 한국의 대통령은 권위와 권력을 겸비한 강한 지도력을 발휘한다. 그러나 같은 의원내각제하의 일본의 수상, 특히 제2차세계대전 이후 일본의 수상은 현행 헌법상으로는 영국의 수상과 미국의 대통령의 권력을 합친 강한 권력을 소지하고 있음에도 불구하고 고이즈미 준이치로(小泉 純一郎) 수상을 예외로 한 역대 수상들은 그 권력을 제대로 행사하지 못했다. 그 이유는 무엇일까?
 필자는 그 원인을 일본의 '권위와 권력의 이중적 지배 구조'에 있다고 본다. 일본의 역사를 거슬러 올라가 보면 정신적 권위는 덴노(天皇, 천황)와 그의 정부인 조정朝廷이 가졌고, 정치적 권력은 쇼군(將軍, 장군)과 그의 정부인 막부幕府가 행사했던 것을 알 수 있다. 이러한 '권위와 권력의 이중구조'는 현재에도 계속 이어지고 있는데, 이는 어떤 일에 대한 책임의 소재가 명확하지 않아 궁극적으로는 책임을 지는 자가 없는 '무책임 정치체제'를 초래한다. 필자는 이와 같은 '권위와 권력의 이중적 지배 구조'의 일본 정치사가 일본 정치문화의 '주변성(marginality)'을 나타낸 것임을 지적하고자 한다. 여기에서 '주변성'은 중심이 없고 테두리만 있는 것으로, 후진성과 같은 의미로 사용된다.

비서구사회인 일본이 근대화(서구화)에 성공할 수 있었던 것에 대해 종래 일본 내외의 많은 일본 연구자들은 "구체제에서 신체제로 이행할 때에 쇼군의 권위를 부정하고 고대 이래 일본의 통치자였던 덴노의 권위를 앞세워 그를 중심으로 모든 권위와 권력을 집중할 수 있었기 때문에 가능했다."고 말한다. 이것은 일본 근대화에 있어서 '권위와 권력의 이중적 지배 구조'가 정치문화에 미친 긍정적인 면을 평가한 것이고, 이런 정치문화가 초래한 '무책임체제'라는 부정적인 면에는 무게를 덜 두었다고 할 수 있다. 이 책에서는 이런 부정적인 면에도 초점을 맞추어 '권위와 권력의 이중적 지배 구조'의 정치문화의 극복이야말로 일본의 올바른 민주주의와 정치발전에 크게 기여하는 것임을 주장하고자 한다.

이상과 같은 논지를 전개하기 위해 본서는 다음과 같은 구성으로 논리를 전개한다. 우선 '권위와 권력의 이중적 지배구조란?'에서는 비교정치학적 관점에서 일본 정치문화의 특징을 검토한다. '대왕大王으로부터 덴노로: 고대 일본 중앙집권체제의 완성'에서는 호족에 의한 실질적인 지배를 극복하고 고대 덴노 체제를 확립한 과정을 검토하고, '덴노 정부의 이중지배구조'에서는 중앙집권체제하의 덴노가 있음에도 불구하고 후지와라 가문, 퇴위한 덴노(조코우), 다이라 가문 등이 정권을 장악하여, 같은 정권 내에서 덴노와 따로따로 통치하는 이중지배구조에 대해서 검토한다. '이중정부에 의한 이중지배체제'에서는 가마쿠라 막부, 무로마치 막부, 에도 막부를 중심으로 조정과 막부라는 이중정부에 의한 이중지배구조에 대해서 검토한다. '메이지헌법체제에서의 정치권력의 일원화와 좌절'에서는 먼저 메이지유신에서 덴노가 수행한 정치적 역할을 다섯 가지 관점에서 검토하고, 그 다음으로 메이지헌법(대일본제국헌법)하에서 덴노를 중심으로 한 권위와 권력의 일원화와, 덴노가 자신이 갖고 있는 절대 권력을 행사하지 않았기 때문에 결국 군부 독재를 허용하고 일본이 스스로 파멸하는 과정에 대해 검토한다. 그리고 '현대 일본정치의 무책임체제'에서는 여전히 현재 일본에도 남아 있는 '무책임체제'가 일본 외교에 문제가 되고 있다는 것을 검토한다. 마지막으로 '일본정치문화의 주변성을 극복해야 한다'는 이 책의 결론부분에 해당한다.

권위와 권력의 이중지배구조란?

　일본정치사는 '권위와 권력의 이중적 지배 구조'의 역사였다 할 수 있다. 최초의 본격적인 무사정권인 가마쿠라(鎌倉)막부(1192~1333)가 등장하기 전, 조정에서는 덴노 대신 유력 씨족인 소가(蘇我) 가문, 후지와라(藤原) 가문, 타이라(平) 가문, 그리고 퇴위한 덴노인 상황上皇(조코우)이 덴노 대신 정치를 담당하고, 덴노는 제사왕적 존재로만 존재했다. 즉, 덴노는 일본의 최고신이라 하는 아마테라스오오미카미(天照大神)의 자손으로 이 지상의 중심에 위치하고, 제사를 총괄하는 제사왕으로서 종교권을 가지고 있었다. 1년의 1/4 이상의 시간 동안 제사를 지내고 살았다고 하는 덴노는 제사의 중심에 위치함으로써 그 존재의의를 가지고 있었다.

가마쿠라 막부의 등장 이후 정신적 군주인 덴노를 중심으로 한 '조정'과 세속적 군주인 쇼군을 중심으로 한 '막부'에 의한 이중적 지배구조는 메이지유신까지 계속해서 유지되었고, 이러한 구조 때문에 일본은 비非서구국가로서는 유일하게 근대화에 성공할 수 있었다고 말할 수 있다. 사무엘 헌팅턴은 체제 변환에서의 덴노의 존재의의에 대해서 다음과 같이 말한다.

일본이 전통적인 정치제도를 근대적인 세계에 적응시킬 수 있었던 것은 일본의 정치제도가 상대적으로 복합성을 가지고 있었기 때문이다. 1868년까지의 2세기 반 동안에는 덴노의 군림 하에 도쿠가와 막부가 지배하고 있었다. 그러나 정치질서의 안정성은 막부의 권력에만 의존한 것이 아니었다. 근대화를 추진하는 무사들은 막부의 권위가 쇠퇴하자 또 하나의 전통적 제도였던 덴노를 수단으로 이용하였다. 막부의 타도는 정치질서의 붕괴 없이 덴노의 '부활'을 의미했다.[1]

이와 같이 일본 근대화는 덴노라는 전통적 상징의 부활 위에 하급무사 출신의 과두집단이 권력기반을 구축하여 그들 주도하에 다양한 사회 세력들을 큰 갈등 없이 흡수하여 근대화 사업에 결집할 수 있었던 것이다. 배링턴 무어 Jr.는 "여러 방책 중에서도 대단히 중요한 것은 정치질서의 합리화이다. 이는 곧 일본 봉건기의 번藩(한)이나 독일이나 이탈리아의 구舊 제왕국諸王國, 구 제공국諸公國과 같이, 전통적으로 오랫동안 확립되어 온 영역구분의 해체를 의미했다. 일본 이외의 국가에서는 이 해체가 불완전하게 이루어졌다."2)라고 일본 근대화에서 정치질서의 합리화가 가진 의의를 강조했다.

일본에서는 과거 수세기 동안 반자치적인 여러 권력의 균형이 유지되며 국정이 운영되어 왔다. 일본에서는 권력 집단이 서로 영향을 미치며 권력을 행사해 왔기 때문에, "최종적인 결단은 여기에서 한다."고 말하는 기관, 즉 최고 의사결정기관이 존재하지 않았다. 또한 지령을 내린 경로, 책임의 중심, 정책결정과정의 실제적인 움직임이 불투명하기 때문에, 일본에서는 최종 책임소재를 찾으려 해도 빙빙 돌아가다 끝나는 경우가 많았다. 이런 점에서 일본의 통치조직은 궁극적으로 책임을 지는 자가 없는 무책임 정치체제, 즉 '선단부분이 없는 피라미드(truncated pyramid)' 혹은 '머리 없는 괴물(headless monster)' 체제라 할 수 있다.3) 우리는 이런 일본 무책임체제의 전형적인 예를 1930년대 군국주의하의 이중외교 및 이중정부체제에서 볼 수 있다.

1930년대 일본의 외교관들이 미국 그리고 영국과의 우호관계를 어떻게 해서라도 유지하려고 노력한 반면, 일본의 군부 권력자들은 정부와 외무성의 의향을 무시하여 미국만이 아니라 소련, 영국과의 전쟁 가능성에 대해서 진지하게 검토하고 있었다. 이런 군부의 정책에 대해서 과감하게 일어나 "이것은 미친 짓이다."고 단언하는 용기 있는 권력자는 한 명도 없었다. 비교적 객관적이고 냉정한 판단력을 갖고 있었던 외무 관료들도 예외는 아니었다. 이와 같이 1930년대의 일본외교는 정부의 공식채널인 외무성보다 외교의 비공식채널인 군부가 주도권을 행사하는 일종의 이중외교체제였고, 최종적인 외교정책 결정권이 불명확한 무책임체제였다고 말할 수 있다.

대 중국전쟁이 장기화되고 전세가 좋지 않은 상황에서도, 왜 일본은 미국과 영국을 비롯한 전 세계를 상대로 이길 수 없는 무모한 전쟁을 일으켰을까? 태평양전쟁은 일본군이 하와이 진주만에 있는 미국 해군기지를 기습 공격하는 것으로 시작했다. 카렐 반 볼페른Karel van Wolfern은 "자국의 10배의 산업규모를 가진 국가를 공격한 것은 자살행위이다. 만약에 강한 리더십이 있었다면 이런 일이 일어나지 않았을 것이다."라며, 최종적으로 책임을 지는 자가 없었기 때문에 일본은 자살행위와 다를 바 없는 미국과의 전쟁을 시작했다고 지적한다.

일본이 전시체제를 시행함에 따라 군부·관료의 권력은 강화되었지만, 그 권력이 어느 한 사람과 한 기관으로 집중되지 않았기 때문에 그 체제에는 지도력이 결여되어 있었다. 이것은 연합군의 대일항복조건을 제시한 포츠담 선언을 수락할 당시 일본정부가 보였던 대응에서도 그대로 나타난다. 패전이 명확해진 1945년 당시의 일본정부에는 평화를 선택하여 연합국과의 평화적 교섭을 주도할 만한 정치력과 권한을 가진 지도자가 존재하지 않았다. 정부 내에서 합의를 받을 수 있는 항복조건을 준비하여 전쟁주도세력 전원에게 납득시킬 만한 권력을 가진 사람도 집단도 존재하지 않았던 것이다. 전시기간 동안 일본의 지도부에는 권력기구의 수뇌부가 없었고, 결국 스스로의 권한을 행사하지 않았던 덴노가 권한을 행사함으로써 최종적으로 전쟁을 종결시킬 수 있었다.

일본의 무책임체제의 성격은 전범에 대한 극동군사재판인 도쿄전범재판에서 피고들이 전쟁책임을 부정하는 모습에서 잘 나타났다. 마루야마 마사오(丸山 眞男)는 전범戰犯에 대한 도쿄재판에서의 피고들의 증언을 검토하였는데, 전범들의 말이 한결같이 자기의 전쟁책임을 부인하고 있다는 사실을 제시하고, 이것이 일본 지도층의 왜소성에 의한 것이라고 설명한다. 마루야마는 도쿄재판의 피고들을 포함한 일본의 지배층은 일반적으로 전쟁을 일으킨 것에 대한 주체적인 책임의식이 희박했었던 것 같다고 하며, 그것이 개인의 타락의 문제라기보다는 '체제 그 자체의 데카당스의 상징'이라고 지적한다. 마루야마는 피고들의 천차만별한 자기변명을 자세히 검토해보니 '권한으로의 도피'와 '기성사실에의 굴복'이라는 두 개의 태도가 그 안에 있었다고 지적한다. '권한으로의 도피'라는 것은 상황이 자기에게 불리해지면 "나에게는 법적으로 책임을 질 만한 권한이 없다."며 책임을 회피하는 태도를 말한다. 또한 마루야마는 대부분의 피고들의 답변에 "이미 결정된 정책에 따를 수밖에 없었다." 혹은 "이미 시작된 전쟁은 지지할 수밖에 없었다."는 식으로, 기성사실에 굴복하는 자세가 공통적으로 나타났음을 지적했다. 당사자로서 스스로 현실을 만드는 것에 기여하면서도 일단 현실이 만들어지면 주변이나 대중들의 여론에 의존하고자 하는 지배층의 이러한 태도는 무책임하다는 비난을 면할 수 없고, 결국 이런 태도가 일본의 파멸을 초래했다 할 수 있다.

현실은 항상 '만들어지고 있는 것' 혹은 '만들어 내는 것'이라고 생각하지 않고, '만들어져 있는 것' 혹은 '어디선가 발생한 것'이라 여기기 때문에 일본인에게 있어서 '현실'은 미래를 지향하는 것이 아니라 과거에 의존한 필연적인 결과로 인식된다는 것이다. 여기에 주체성을 상실하고 맹목적인 외력外力에 좌우되는 일본 군국주의의 '정신'을 볼 수 있다고 마루야마는 지적한다.

필자는 이상과 같은 일본 정치의 무책임체제가 '권위와 권력의 이중적 지배 구조'라는 오래된 일본 정치문화의 주변성에서 유래한다고 본다. 다음으로 이런 이중적 지배 구조를 가진 정치문화의 조성 과정을 역사적으로 검토하고자 한다.

대왕으로부터 덴노로 : 고대 일본 중앙집권체제의 완성

 5세기 말부터 6세기 초반은 일본열도의 여러 지역국가가 대립·항쟁하는 동란의 시대였다. 그중 가장 강력한 국가는 야마토(大和, 현재의 나라(奈良) 현)를 중심으로 한 호족의 연합국가인 '야마토국'이었다. 동란에서 승리해 왔던 야마토국은 6세기 중반에 규슈(九州)지방에서 관동지방, 동북지방의 반 정도에 걸친 지배영역을 갖게 되었다. 고대 일본의 지배자였던 야마토국의 지배자는 각 지역의 지배자인 왕王보다 위에 위치하여 군림하는 존재로 6세기에는 대왕大王이라 부르게 되었다.
 6세기 말에는 불교수용에 대한 의견 대립, 요우메이(用明) 덴노(재위 585~587) 사후의 황위계승문제 등이 무력투쟁으로

까지 발전했다. 587년 불교숭배를 인정하는 소가(蘇我) 가문은 불교를 거부한 모노노베(物部) 가문을 멸망시켰다. 소가 가문은 자기 일족의 핏줄인 수슌(崇峻) 덴노(재위 587~592)를 황위에 올렸지만, 덴노가 소가 가문에 반대적인 태도로 나가자 592년에 덴노를 암살하고, 비타쓰(敏達) 덴노(6세기 후반에 재위)의 황후(6세기 중반에 재위했던 긴메이(欽明) 덴노의 황녀이자 소가 가문의 혈통을 가짐)를 즉위시켰다. 비타쓰 덴노의 황후가 즉위하여, 일본 최초의 여제[4]인 스이코(推古) 덴노(재위 592~628)가 되었다. 요우메이 덴노의 황자이자 유력한 황위계승자였던 쇼토쿠(聖德) 태자(574~622)는 스이코 덴노의 황태자가 되어 섭정으로 정치를 담당하게 되었다.

쇼토쿠 태자는 소가 가문과의 연합정권하에서 중앙집권국가를 향한 정치개혁을 추진했다. 그는 불교·유교·법가 및 도교에 입각한 정치이념을 가지고 정치를 담당했다. 우선 603년 문벌제도를 타파하고, 인재를 등용하기 위한 '관위십이계(官位十二階)'를 정했으며, 관위를 관리의 의관 색깔로 구별했다. 이것은 호족들의 세력화를 막고 덴노 중심체제를 구축하기 위해서였다. 더 나아가 그는 '헌법 17조'를 제정하여 '화합의 정신' 및 '덴노 중심의 국가체제 수립'을 강조했다. 쇼토쿠 태자가 소가노 우마코(蘇我 馬子, ?~626)와 함께 『천황기天皇記』 등 국사편찬을 한 것도 역법曆法의 도입과 더불어 그 정신을 나타낸 것이라 생각된다.

더 나아가 쇼토쿠 태자는 수나라와 국교를 맺고, 대륙의 선

진문화를 받아들이기 위해 607년에 견수사(수나라를 둘러보기 위한 외교사절)로 오노노 이모코(小野 妹子, 7세기 전반의 호족)를 파견했다. 그때 수나라 황제인 양제에게 보낸 서신에는 "해가 나오는 나라의 천자가 해가 지는 나라의 천자에게 인사를 드립니다."라고 써 있었다는데, 여기에서 중국에 대한 조공관계를 벗어나 대등한 관계를 수립하려고 했던 쇼토쿠 태자의 강한 의지를 볼 수 있다. 다음 해인 608년 수나라 황제인 양제는 오노노 이모코의 귀국시 답례로 사신을 파견했는데, 같은 해 오노노 이모코는 다시 사신과 함께 견수사로서 수나라에 건너갔다. 그때 오노노 이모코는 유학생을 동행시켜 대륙문화의 수용에 큰 역할을 했다.

소가 가문은 소가노 이나메(蘇我 稲目, ?~570), 우마코(馬子, ?~626), 에미시(蝦夷, ?~645), 이루카(入鹿, ?~645)의 4대에 걸쳐 번성하여 그 세력이 덴노를 능가하게 되었다. 622년에 쇼토쿠 태자, 628년에 스이코 덴노가 죽자, 소가노 에미시는 자신이 추대한 조메이(舒明) 덴노(재위 629~641)를 억지로 즉위시킨 후, 병사로 하여금 자신의 저택을 지키게 하고 자기의 묘를 만드는 데 전국의 백성을 사적으로 부리며 그것을 '미사사기(陵, 원래 덴노의 묘를 부르는 말)'로 부르게 하는 등 신하로서의 도를 넘는 파행이 눈에 띄었다. 이처럼 정치의 실권은 소가 가문이 장악했기 때문에 덴노는 소가 가문의 꼭두각시에 지나지 않았다.

조메이 덴노의 사후, 그의 황후가 즉위하여 고우교쿠(皇極)

덴노(재위 642~645)가 되었다. 소가노 이루카는 사촌인 후루히토노오오에노(古人大兄) 황자(?~645)를 다음 덴노로 옹립시키기 위해 643년에 쇼토쿠 태자의 아들이자 유력한 황위계승자였던 야마시로오오에노오우(山背大兄王, ?~643)를 살해하였다. 이 사건은 소가 가문에 대한 덴노 정부 내부의 반감을 응집시켰다.

반反 소가 세력은 조메이 덴노의 황자인 나카노오오에노(中大兄, 626~671)와 나카토미노 가마타리(中臣 鎌足, 614~669)의 밑에 결집하여, 드디어 645년 6월 12일에 궁중에서 소가노 이루카를 암살했다. 소가 가문은 이루카의 부친인 에미시가 스스로 집에 불을 질러 자살함으로써 멸망했다. 그리고 고우교쿠 덴노는 고우토쿠(孝德) 덴노(재위 645~654)에게 양위하여(이것이 양위의 시작이 되었다), 나카노오오에노 황자가 황태자가 되었으니, 이것이 다이카(大化) 개신改新이다(645). 이 해는 조정에서 최초로 일본 독자적인 연호를 씀으로써 '다이카 원년元年'으로 정해졌다. 그 이후 일본은 계속해서 독자적인 연호를 사용하게 된다.

다이카 개신의 목적은 소가 가문의 파행으로 실추된 덴노권의 회복·강화에 있었다. 따라서 이전까지의 황족과 호족들이 사유하고 있었던 토지와 백성을 국가가 직접 지배하기로 하였다(공지공민제公地公民制). 또한 지방행정조직을 정비하여 각 국国(지방을 나눈 단위)에는 국사国司(고쿠시), 군郡에는 군사郡司(군시)를 설치하였는데, 중앙에서 파견된 국사가 지방호족들을 군사에 임명했다. 고우토쿠 덴노 사후에는 나카노오오에노 황자의 모친인 고우교쿠 덴노가 사이메이(齋明) 덴노(재위 655~661)로 다시 황위에 올랐다.

한편 660년 7월 한반도의 백제가 멸망하자, 백제의 유신들은 당나라군에게 반항하며 일본에게 구원군을 요청했다. 그 요청에 응하여 661년에 사이메이 덴노는 스스로 군대를 인솔하여 규슈에 왔지만 그곳에서 사망하였고, 나카노오오에노 황자가 황태자의 신분으로 군정軍政을 실시했다. 662년에는 원군과 막대한 군수품을 한반도에 보냈다. 하지만 다음 해인 663년에 일본군은 신라·당 연합군의 수군에 패배했고 백제의 부흥은 실패로 끝났다. 일본은 백제지원군이 패배하자, 당·신라연합군의 반격에 대비하기 위해 해안가의 방비를 강화하며 규슈 북부지방의 방어체제를 정비했다. 더 나아가 667년에는 내륙부에 있는 오오미국(近江国, 현재의 시가(滋賀) 현)으로 천도했다.

이 오오미 천도는 아스카(飛鳥) 지방에서의 구세력과의 연계망을 단절시키고 개신정치를 추진함과 더불어, 외국의 침입을 막기 위해 이루어진 것이었다. 오오미 천도의 다음 해인 668년, 사이메이 덴노의 사후 6년간 황태자로 있었던 나카노오오에노 황자가 즉위하여 텐치(天智) 덴노(재위 668~671)가 되었다. 텐치 덴노는 국내의 정치체제를 정비하기 위해 중국(당나라)의 율령을 모델로 하여 '오오미령(율령)'을 편찬하고 전국적으로 호적을 정비하여 율령체제의 기초를 확립했다. 그러나 소가 가문이 멸망했다고 해도 텐치 덴노의 시대에는 중앙 호족들의 세력이 아직 강대한 상태로 남아 있었다.

텐치 덴노의 동생인 오오아마노(大海人) 황자(631?~686)는 황태제가 되고, 나카토미노 가마타리(中臣 鎌足)와 더불어 덴노를 도와 7세기 중엽의 정치를 추진했다. 669년에 후지와라노 가마타리(藤原 鎌足, 나카토미노 가마타리는 죽기 직전에 후지와라(藤原)의 성을 수여받았다)가 죽자 덴노와 황태제와의 대립이 깊어지고, 671년 텐치 덴노는 아들인 오오토모노(大友) 황자(648~672)를 태정대신(太政大臣, 다이조다이진이라 하며 지금의 내각총리대신에 해당한다)으로 임명하여 다음 덴노로 옹립하려 했다. 그 때문에 오오아마노 황자와 오오토모노 황자는 대립하게 되었는데, 이것은 각 호족 간의 대립으로 발전했다. 결국 오오아마노 황자는 황태제에서 물러나 출가하여 요시노(吉野, 현재의 나라 현에 있는 지명)에 은신했다.

671년 12월에 텐치 덴노가 사망하자 황위계승을 둘러싸고 깊어졌던 오오토모노 황자와 오오아마노 황자의 대립은 672년 6월, 오오아마노 황자가 거병함으로써 무력충돌로 발전했다(임신壬申의 난). 오오아마노 황자는 중소호족들과 지방호족들을 자기편에 끌어들여 크게 승리했고, 싸움에서 진 오오토모노 황자는 7월에 자살했다. 이것으로 중앙 호족들의 세력은 약화되고, 텐치 덴노의 시대까지 막지 못했던 중앙 호족들의 정치 간섭을 배제하는 것에 성공함으로써 덴노를 중심으로 하는 국가체제의 기초가 확립될 수 있었다.

673년에 오오아마노 황자는 즉위하여 텐무(天武) 덴노(재위 673~686)가 되었다. 임신의 난에 따라 유력호족은 몰락하고, 텐무 덴노의 재위 중에는 대신大臣(오오미)을 두지 않는 강력한 덴노 전제 지배체제가 확립되어 덴노의 신격화가 시작되었다. 일반적으로 이 시기부터 '오오키미(大王)' 대신 '덴노(天皇)' 칭호를 사용하게 되었다(스이코 덴노부터 시작되었다는 설도 있다.). 이렇게 해서 덴노 및 황자를 중심으로 한 황족만이 권력의 중추를 이루는 지배체제가 성립됐다.

텐무 덴노가 죽고(686) 황태자도 병사하자(689), 690년에는 텐무 덴노의 황후가 즉위하여 지토(持統) 덴노(재위 690~697)가 되었다.

지토 덴노의 뒤를 계승한 몬무(文武) 덴노(재위 697~707) 시대인 701년에 당나라의 '개원령開元令'을 기본으로 한 '다이호(大宝) 율령'이 제정되어 다음 해에 시행되었다. 6권의 '율'은 형법이고 11권의 '령'은 행정법·민법에 해당하는데, '율'은 당나라의 것과 비슷하지만 '령'은 일본의 상황에 맞는 내용으로 재구성되었다. '다이호 율령'의 제정에 따라 일본에서는 율령에 입각한 국가적 지배체제인 율령체제가 완성되었다.[5] 이러한 율령체제는 무사정권의 등장 등에 의해 다소의 변용은 있었지만 기본적으로는 메이지유신까지 일본의 통치체제의 기본적인 골격이 되었다. '율령체제'의 완성에 따라 일본은 중앙집권적 국가체제를 수립하게 된다.

다이호 율령의 제정에 의해 율령국가가 확립되자 그에 어울

리는 도성의 조성도 필요하게 되었다. 아스카에서는 구 호족들과의 관계가 깊어서 율령체제의 추진에 장애가 되었기 때문에 겐메이(元明) 덴노(재위 707~715)는 즉위하자마자 후지와라교의 북방에 헤이조교(平城京, 현재의 나라 시)를 조성, 710년 이곳으로 천도했다. 이후 이곳은 784년 나가오카교(長岡京, 현재의 교토(京都)부 나가오카 시)로 천도할 때까지의 7대 70년에 걸친 기간 동안 수도였으니, 이 기간을 '나라 시대'라 한다.

다이호 율령의 제정부터 헤이조교 천도(710), 『일본서기』 편찬 등 율령제적 지배체제의 정비를 추진해 왔던 후지와라노 후히토(藤原 不比等, 659~720, 후지와라노 가마타리의 아들)가 죽은 720년은 율령국가의 제1의 전환기였다. 후히토가 죽자 정권을 장악한 것은 텐무 덴노의 손자인 나가야오오(長屋王, 684?~729)였다. 그러나 후히토의 네 아들은 후히토의 뒤를 이어 정권을 장악하기 위해 나가야오오와 대립하던 중, 후히토의 딸이 황후가 되는 문제를 둘러싸고 그에게 반역의 죄를 물어 729년 나가야오오를 자살하게 만들었다(나가야오오의 변). 나가야오오가 자살한 직후 황족이 아닌 이로는 처음으로 후히토의 딸이 쇼무(聖武) 덴노(재위 724~749)의 황후인 고우묘우(光明) 황후가 되고, 후히토의 네 아들이 정권을 장악했다. 원래 황후는 덴노가 죽은 후 임시로 정무를 담당하거나, 덴노로 즉위하는 경우가 종종 있었기 때문에, 황족이 아니면 안 된다는 것이 고전적인 관습이었으나 고우묘우 황후 이후에는 신하의 딸도 황후가 될 수 있었던 반면 이후 황후가 덴노로 즉위하는 것은 사라졌다.

쇼무 덴노(재위 724~749)가 즉위한 이후부터 역병과 천재가 빈발하여 토지에서 도망가는 농민이 증가했다. 이에 조정에서는 개간을 장려하며 743년에 '간전영년사재법墾田永年私財法'을 내려, 새롭게 개척한 토지를 개인의 사유지로 하는 것을 인정하였다. 그러나 농지를 개간하고도 세금 수탈에 못 이겨 도망가는 농민의 땅을 몰수하는 사례가 빈번해, 힘 있는 귀족과 사원, 지방호족들이 도망간 농민의 땅을 몰수하여 사유지를 확대했기 때문에 '공지공민'의 원칙은 붕괴되었다.

쇼토쿠 태자는 혁명의 위험으로부터 대왕을 지키기 위해 대왕의 위치를 정치적으로 중립화시키고, 17조의 헌법을 만들어 국정은 대신이나 고급관료가 의논하고 담당하게 했다. 그 결과 신하들은 국정을 좌지우지할 수 있는 상황에서 국적國賊이라는 오명을 쓰면서까지 대왕의 지위를 획득할 필요를 느끼지 못했고, 대왕에게 반역하는 것보다는 그 밑에서 실질적인 지배자가 되는 것으로 만족하게 되었다.

텐무 덴노 때 '대왕'에서 '덴노'로 개명함에 따라, 덴노는 왕이 아닌 '아라히토가미(現人神, 살아있는 인간으로서 존재하는 신)'가 되어 신과 대등한 존재가 되었다. 그 결과 신하와 덴노의 대립이 발생할 가능성은 없어지고 중국에서 자주 발생한 역성혁명은 부정되었다. 또한 황위에는 신권神權이 주어진다는 것이 확고하게 확립되면서, 혈통만이 황위 계승의 유일한 근거가 되었다.

일본은 당나라의 '율령'을 모방하여 '율령 국가'로서의 정치체제를 정비했지만, 당나라와 달리 일본에서는 국정 전반을 담당하는 태정관太政官과, 신神에게 바치는 제사를 담당하는 신기관神祇官이라는 두 개의 관제가 특설되어 있었다. 태정관은 큰 권한을 가지고 있었고, 덴노의 정치권력을 대행하는 역할도 담당했다. 이것은 야마토 정부 이래의 전통인 덴노의 권력이 호족들의 권력과의 균형 위에 유지해 왔다는 사정에서 유래했다고 할 수 있다. 중국의 황제가 중앙집권을 이루고 권력을 독점한 형식과는 판이하게 다른 구조였던 것이다.

덴노 정부의 이중지배구조

셋칸정치

8세기 중반부터는 귀족들의 세력싸움이 격화되었고, 정치에 큰 힘을 행사한 도쿄(道鏡, ?~772)와 같은 승려도 나타났다. 781년에 즉위한 간무(桓武) 덴노(재위 781~806)는 이런 국정의 혼란을 해소하기 위해 민심의 일신, 불교 승려의 정치개입 방지 및 율령정치의 재건을 목표로 784년 불교의 영향이 강한 헤이조교에서 나가오카교로 천도를 단행했다. 그러나 천도를 둘러싼 유력 귀족 간의 대립으로 나가오카교를 정비하고 수도를 조성하던 도중에 간무 덴노의 황후 및 모친은 잇따라 사망하였다. 간무 덴노는 이를 나가오카교에 붙어 있는 원령 때문이라고 생각하여 794년에 다시 수도를 헤이안쿄(平安京, 현재의 교토 시)로 천도했다. 헤이안쿄는 메이지 2년, 즉 1869년 도쿄로 천도될 때까지 약 1,000년간 일본의 수도였고, 1192년에 가마쿠라 막부가 성립할 때까지의 약 400년간을 '헤이안 (平安) 시대'라고 부른다.

간무 덴노는 강력한 지도력을 발휘하여 귀족들의 세력을 억압하고, 적극적인 정치개혁을 추진했다. 그는 공지공민제를 현실에 맞게 개정하고, 국사와 군사를 엄격하게 감시하여 부정을 단속했다. 한편 농민에 부과된 병역을 면제하여 농민의 부담을 줄이는 대신 군사의 자제들 중 몸이 건강한 자를 선발하여 병사로 채용하고, 국부國府(국사가 지방행정을 하는 장소)의 경호 등을 담당시켰다. 또한 규슈지방 남부와 동북지방 등 오지에도 차차 율령체제를 퍼뜨렸다. 특히 동북지방에 사는 에미시(蝦夷, 오랑캐라는 뜻) 사람들의 반란에 대해서는 조정의 군대를 파견하여 진압했다.

그러나 수도가 헤이안쿄로 옮겨져 조정의 체제가 정비되고 덴노의 권위가 안정되자 덴노가 직접 정치에 의견을 표시할 필요성이 줄어들었다. 이때 후지와라 가문은 교묘하게 다른 귀족들을 배척하며 딸들을 덴노의 황후에 앉히고 그들에게서 태어난 황자들을 덴노로 영립하는 등 외척으로서의 세력을 확장해 갔다. 당시의 귀족사회는 자식을 외가에서 양육하는 등 외가와 긴밀한 관계를 유지했다. 또한 결혼한 남자는 부인의 집에서 생활하는 것이 보통이고, 저택 등의 재산은 딸에게 양도

되는 경우가 많았다. 따라서 덴노조차도 외척을 중요시하였다.

9세기 중반부터 후지와라 가문의 사람들은 덴노가 미성년인 경우는 셋쇼(摂政, 미성년의 덴노를 보좌하는 섭정)로, 성인이 되면 간파쿠(関白, 성인인 덴노를 보좌하여 정치를 담당)로서 국정의 실권을 장악했다. 10세기 후반부터 11세기까지 셋쇼·간파쿠가 계속하여 태정관의 정치를 주도하였기 때문에 이 시기의 정치는 '셋칸(摂関, 섭관)정치'라 하고 셋쇼나 간파쿠가 나온 가문은 '셋칸가'라 했다. 11세기 후지와라노 미치나가(藤原 道長, 966~1027)가 활약하던 시대에는 셋칸가의 세력이 가장 번성하였다. 후지와라노 미치나가는 4명의 딸을 차례차례 황후와 황태자비로 두어 30여 년 동안 조정에서 큰 세력을 형성했다. 고이치죠(後一条) 덴노(재위 1016~1036)·고스자쿠(後朱雀)덴노(재위1036~1045)·고레이젠(後冷泉)덴노(재위 1045~1068)의 3대의 덴노는 모두 다 후지와라노 미치나가의 외손이었고, 미치나가의 뒤를 잇는 요리미치(頼通, 992~1074)가 50년에 걸쳐 세 명의 덴노 치세하의 셋쇼와 간파쿠의 지위를 독점하면서 셋칸가의 세력은 탄탄해졌다.

덴노는 셋칸정치하에서도 태정관을 통해 중앙·지방의 관리들을 지휘하며 전국을 통일적으로 지배하였다. 이 시기의 조정은 점차 선례와 의식을 중요시하는 형식적인 것이 되고 궁정의 연중행사를 발달시켰다. 반면 지방의 정치는 국사에게 위임되어, 덴노가 국정에 관한 적극적인 시책을 실시하는 경우는 거의 없었다. 귀족들은 개인적으로 덴노와 셋칸가에 접

근하여 본인의 정치적·경제적인 기반을 확립하는 것에 열중하였기 때문에, 국가의 행정을 담당하는 자들로서의 책임감은 찾아보기 힘들었다.

인세이

이와 같은 셋칸정치도 후지와라노 요리미치의 딸이 황자를 낳지 못해 셋칸가를 외척으로 두지 않은 고산조(後三条) 덴노(재위 1068~1072)가 즉위하며 크게 후퇴하였다. 이미 장년이 되어 자기주장이 확실했던 덴노는 오오노 마사후사(大野 匡房, 1041~1111) 등 학식이 뛰어난 인재를 등용하며 셋칸가의 눈치를 보지 않고 국정개혁에 착수했다. 특히 장원莊園(귀족과 절·신사 등의 사유지)의 증가가 공령公領을 압박하고 있다고 생각한 덴노는 엔큐(延久) 원년인 1069년에 엄격한 내용의 '엔큐 장원 정리령'을 반포했다. 이 정리령은 중앙에 기록소를 설치하여 장원의 소유자로부터 증거서류를 제출하도록 함과 동시에 국사에게도 장원에 대해 보고하게 하는 것이었는데, 장원의 소유자와 국사의 보고가 서로 맞지 않는 장원은 국가가 몰수했다. 셋칸가의 장원도 예외가 아니어서 이러한 장원 정리령은 어느 정도 성과를 거두었다.

고산조 덴노의 아들인 시라카와(白河) 덴노(재위 1072~1086)도 부친의 의지를 계승하여 친정親政을 실시했다. 그러나 1086년 어린 아들인 호리카와(堀河) 덴노(재위 1086~1107)에게 양위한 후에는 스스로 상황으로서 덴노를 후견하면서 정치의 실권을 장악하는 '인세이(院政, 덴노의 아버지인 상황에 의한 정치)'의 길을 열었다(인(院)이라는 것은 원래 상황의 주거지를 말하는 것이었지만, 후에 상황을 가리키는 것이 되었다). 상황은 중·소귀족 중에서도 장원 정리의 단행을 환영하는 국사들을 지지 세력으로 받아들이고, 상황의 거처에 배치할 무사단을 조직하는 등 권력을 강화하며 호리카와 덴노 사후에 본격적인 인세이를 시작했다. 시라카와(白河) 상황(인세이 1086~1129)·도바(鳥羽) 상황(인세이 1129~1156)·고시라카와(後白河) 상황(인세이 1158~1179, 1181~1192) 등에 의해 100년 이상 계속된 인세이 기간 동안 상황은 법과 관례에 구속받지 않고 정치의 실권을 행사했다. 이 체제하에서 셋칸가는 세력의 쇠퇴를 상황과 연결하면서 회복하려 했다. 시라카와, 도바, 고시라카와의 세 상황은 불교를 깊이 믿고 출가하여 법황(法皇, 출가한 상황을 말함)이 되어 대사원을 건립하고 성대한 법회를 열거나 궁궐을 조성하는 등 화려한 생활을 했다. 그 비용을 조달하기 위해서 직위와 관직을 파는 일이 빈번하게 일어났고, 정치의 혼란은 날로 심해졌다.

헤이씨 정권

9세기 이후 중앙집권적인 율령제도의 붕괴에 따라 각 지방에서는 도적이 횡행했다. 지방호족들은 자신이 가진 영토를 상호간의 사투와 국사의 수탈로부터 지키고 영토 내부의 농민을 지배하기 위해 스스로 무장했다. 이와 같은 국사·군사·토호土豪들의 무장화는 특히 10~11세기경에 심화되었다. 11세기경에는 유력한 호족·무사를 중심으로 혈연적인 연결에 의해 통합된 중소무사단이 만들어졌고, 그들이 12세기에는 더욱 강한 무사단에 통합되었다. 중소무사단은 국사로서 지방으로 내려와 임기가 지나도 수도로 귀환하지 않고 그대로 토착하여, 무사집단의 우두머리가 되어 더욱더 강력한 무사집단을 형성했다. 이러한 통솔자 중에서 특히 유력한 자가 다이라(平) 가문('헤이씨'라고도 한다)과 미나모토(源) 가문('겐지'라고도 한다)이었다.

인세이 시기에 무사는 군사력을 가지고 중앙으로 진출하여, 미나모토 가문은 셋칸가와, 다이라 가문은 상황과 연결하여 세력을 확장했다. 이로써 이 시기에는 무사가 활약하는 장이 넓어지면서 무사의 시대가 시작되었다.

호겐(保元) 원년인 1156년에 고시라카와 덴노(재위 1155~1158)와 스토쿠(崇德) 상황(텐노재위 1123~1141)이 황위 계승을 둘러싼 문제로 대립했다. 여기에 셋칸가인 후지와라 가문도 형제간의 싸움 때문에 두 파로 갈라져 각각 덴노 측과 상황 측에 가담했는데, 이는 결국 전란인 호겐의 난으로 발전했다. 이 전란에서 덴노 쪽이 다이라노 교모리(平 清盛, 1118~1181)와 미나모토노 요시토모(源 義朝, 1123~1160) 등의 무사를 동원, 상황 측을 공격하여 격파했다. 그 결과 스토쿠 상황은 오키 섬

(시마네 현)으로 유배되고, 상황 측의 귀족들과 무사들은 살해되었다. 이것은 큰 전란은 아니었지만 수도인 교토를 무대로 한 덴노와 상황의 싸움에서 무사가 큰 힘을 발휘했기 때문에 정치에 대한 무사의 발언권을 강화해 가는 계기가 되었다.

호겐의 난(1156) 후에 다이라 가문과 미나모토 가문의 대립이 깊어가고 헤이지(平治) 원년인 1159년에 전란인 헤이지의 난이 일어났다. 이 싸움에서 다이라노 교모리가 미나모토노 요시토모를 격파함으로써 다이라 가문은 무사세력 중에서 가장 유력한 세력으로 등장했다.

호겐의 난과 헤이지의 난은 동원된 무사의 수는 적었지만, 귀족사회 내부의 싸움도 무사의 힘을 빌려야만 해결된다는 것을 명백히 보여주었다. 따라서 무사의 우두머리로서 다이라노 교모리가 가지는 지위는 높아졌고 권력 또한 급속히 강해졌다. 헤이지의 난 이후 10년이 안 되어 다이라노 교모리는 이례 없는 승진을 하여 태정대신이 되었고, 그의 일족도 모두 고위고관에 올라가 다이라 가문이 정권을 장악했다(다이라 가문의 정권은 최초의 무사정권이 되었는데, 이것을 헤이씨 정권이라고 부른다).

다이라 가문이 전성기를 구가한 배경으로는 각 지방 무사단의 성장을 꼽을 수 있다. 다이라노 교모리는 무사단을 조직하는 것에 노력을 기울이는 한편, 고시라카와 상황의 측근이라는 입장을 이용하여 자신의 딸을 다카쿠라(高倉) 덴노(재위 1168~1180)의 황후로 등극시켰다. 다이라 가문의 일족은 조정에서 높은 지위에 올라가 많은 장원을 획득하여 전국의 절반에 가까운 지방을 통치하는 권한을 장악했으나, 그 번영이 오래 가지는 않았다.

다이라 가문은 주로 종래의 국가조직을 이용해 관직을 독점하는 방식으로 지배구조의 확대를 기도했기 때문에 제거된 구세력으로부터 심한 반감을 받았고, 특히 고시라카와 법황 및 그의 측근과의 대립은 계속 깊어졌다. 결국 다이라노 교모리는 후지와라 가문의 수법을 모방해 1180년에 외손자인 안토쿠(安德) 덴노(재위 1180~1185)를 즉위시켜 외조부로서 권력을 장악했다. 다이라 가문은 독자적인 지배기구를 만들지 못하였고, 그 정치내용도 귀족정권과 다르지 않았다. 그러므로 지방의 무사단과 수도의 귀족 그리고 대사원 사이에서는 다이라 가문의 전제에 대한 불만의 목소리가 높아졌다.

이런 정세를 본 고시라카와 법황의 황자인 모치히도오오(以人王, 1151~1180)는 각 지방의 무사에게 다이라 가문의 타도를 위해 거병할 것을 호소했다. 이 호소에 각 지방의 무사들과 대사원의 승병이 화답함으로써 드디어 내란은 전국적으로 확대되어 5년 동안 계속되었다. 반反다이라 가문 세력 중 동국(관동지방)의 무사단은 미나모토 가문의 직계(미나모토노 요시토모의 아들)인 미나모토노 요리토모(源 賴朝, 1147~1199) 밑에 결집하여 가장 유력한 세력으로 성장했다. 미나모토노 요리토모는 거병 후 얼마 되지 않아 미나모토 가문의 연고지인 가마쿠라(鎌倉)를 근거지로 하여 관동지방의 무사들과 주종관계를 맺고 그곳에 대한 지배를 강화하는 한편, 조정의 명을 받아 동생인 미나모토노 요시쓰네(源 義経, 1159~1189)를 파견해 다이라 가문을 토벌하게 했다. 미나모토노 요시쓰네 등은 안토쿠 덴노를 모시고 서국으로 낙향하고 있던 다이라 가문을 여러 전투에서 격파하고, 1185년에 멸망시켰다.

고대 일본의 율령체제는 덴노의 지위를 정치적으로 중립화시키고 그것을 신성불가침한 지위로 고정시킴으로써 만세일계万世一系의 황통은 유지할 수 있었으나 대부분의 덴노는 입헌군주의 성격을 띠며 힘이 있는 셋쇼나 간파쿠, 법황과 세이이타이쇼군에 의해서 조종되는 존재가 되었다.

이중정부에 의한 이중지배체제

가마쿠라 막부

1185년 다이라 가문(헤이씨)의 멸망 후 미나모토노 요리토모는 조정의 승인을 받아, 지방에 있는 무사들을 지휘하여 치안과 지방행정을 담당하는 슈고(守護)와 장원과 공령의 세금 징수와 토지 관리를 담당하는 지토우(地頭)를 임명했다. 이렇게 해서 동국을 중심으로 한 미나모토노 요리토모의 지배권은 차차 동북지방과 서국지방(규슈와 간사이 지방)에도 미치게 되었고, 무사정권으로서의 가마쿠라 막부가 확립되었다.

1192년 고시라카와 법황 사후 미나모토노 요리토모는 숙원이었던 세이이타이쇼군(征夷大將軍, 본래는 오랑캐의 정벌을 위한 임시직 장군을 의미했으나, 미나모토노 요리토모가 임명된 이후 차차 무사의 통솔자를 나타내는 지위가 되었다)에 임명되어 명실 공히 무사사회의 지배자가 되었다. 그 이후 무사정치의 주재자는 세이이타이쇼군에 임명되는 것이 관례가 되고, 그 집정기관을 막부라 하였다.

이렇게 해서 가마쿠라 막부가 정식적으로 성립하여 멸망할 때까지의 약 140년간을 가마쿠라 시대(1192~1333)라고 부른다. 이후 메이지유신(1868)까지 '정신적인 군주인 덴노'와 '정치적인 실권자인 쇼군'에 의한 이중정부체제는 덴노의 친정이 이루어진 1333~1336년의 3년을 제외하고 약 700년간 계속되었다.

가마쿠라 막부의 지배기구는 간소하고 실무적인 것이었다. 막부 지배의 근본은 쇼군과 그의 부하인 고케닌(御家人, 가마쿠라 막부의 가인을 의미하다가 후에 무사의 신분을 표시하는 단어가 되었다)과의 주종관계에 있었다. 미나모토노 요리토모는 고케닌을 주로 지토우로 임명함으로써 조상으로부터 이어받은 영토의 지배를 보장해주거나, 새롭게 영토를 수여했다. 영토에 대한 보답으로 고케닌은 전시에는 목숨을 걸고 싸우고, 평화시에는 교토를 경호하거나(교토오오반야쿠)나 가마쿠라를 경호(가마쿠라반야쿠)하는 등 전사로서의 역할을 담당했다. 이와 같이 토지를 수여하는 급여형태를 통해 쇼군과 고케닌이 주인과 부하로 맺어지는 제도가 봉건제도이다. 서국의 고케닌을 통괄하던 교토오오반야쿠는 훗날 로쿠하라탐다이(六波羅探

題)로 대치되었다.

중앙기관인 가마쿠라 막부에는 고케닌을 조직하여 통제하는 사무라이도코로(侍所), 일반정무와 재정사무를 담당하는 만도코로(政所), 재판사무를 담당하는 몬추조(問注所) 등이 설치되고, 교토로부터 초빙한 하급귀족들이 쇼군을 보좌했다. 지방에는 슈고와 지토우가 설치되었다. 가마쿠라 막부는 봉건제도에 입각하여 성립된 최초의 무사정권이고, 슈고와 지토우의 설치에 따라 처음으로 일본의 봉건제도가 국가적 제도로서 성립되었다.

그러나 이 시대에는 교토를 중심으로 한 덴노 정부와 지방 귀족·대사원 및 신사를 중심으로 한 장원 영주의 힘이 아직 강하게 남아 있었고 정치·경제면에서도 이원적인 지배가 특징적이었다. 덴노 정부는 국사를 임명함으로써 전국의 일반행정을 관할한 반면, 귀족·대사원 및 신사는 장원의 영주로서 토지에서 많은 수익을 얻고 있었기 때문에, 막부 대신 그들에게 소속된 무사들도 있었다. 쇼군인 미나모토노 요리토모의 경우에도 그가 소유하고 있었던 많은 장원이 막부의 경제적 기반이 되었다. 또 고케닌에게 토지를 수여하는 방식도 토지 자체를 주는 것이 아니라, 장원제에 입각하여 지토우로 임명하는 형식을 취하고 있었다. 그런 점에서 막부도 장원과 공령의 경제체제에 근거하고 있었다고 할 수 있다.

덴노 정부와 막부는 지배자로서 공통점을 가지고 있었다. 막부는 슈고와 지토우를 통해서 전국의 치안유지를 담당하고,

또 세금을 납입하지 않는 지토우를 막부가 직접 또는 막부의 명령을 받은 슈고와 지토우를 통해서 처벌하는 등, 일면으로는 덴노 정부의 지배와 장원 및 공령의 유지를 도와주었다. 그러나 다른 한편 막부는 동국은 물론 다른 지방에서도 지배의 실권을 장악하려 했기 때문에 슈고와 지토우, 국사 및 쇼엔 영주 사이에서는 차차 분쟁이 많아졌다.

뛰어난 지도력을 가진 미나모토노 요리토모 사후, 막부의 주도권을 둘러싼 싸움에서 유력한 고케닌들이 차례차례로 멸망하고, 호조 토키마사(北条 時政, 1138~1215, 미나모토노 요리토모의 장인)가 싯켄(執權), 즉 지배자가 됨으로써 막부의 실권을 장악했다. 3대 쇼군인 미나모토노 사네토모(源 実朝, 1192~1219, 재직 1203~1219)가 암살되자 미나모토 가문의 쇼군은 단절되고, 그 이후 교토에서 후지와라 쇼군과 황족인 신노(親王) 쇼군[6]을 명목적인 쇼군으로 내세웠으나 실권을 가진 싯켄직은 호조 가문 일족이 세습하며 막부 정치를 장악했다(싯켄 정치).

교토의 덴노 정부는 막부의 성립과 세력 확장에 직면하자 덴노 정부에 의한 정치를 재건하고자 했다. 그 중심에 있었던 자가 덴노 일족의 가장이자 실권자였던 고토바(後鳥羽) 상황(덴노 재위 1183~1198, 인세이 1198~1221)이었다. 상황은 분산되어 있었던 광대한 덴노 소유의 장원을 접수함과 더불어 군사력의 강화를 시도하는 등 막부와 대결할 덴노 정부의 세력을 만회하려 하였다. 그 와중에 조큐(承久) 원년인 1219년,

사네토모 쇼군의 암살 사건을 계기로 덴노 정부와 막부의 관계는 불안정해졌다. 1221(조큐 3)년, 고토바 상황은 무사와 대사원의 승병뿐 아니라 호조 가문에 대한 반발심을 가지고 있던 동국의 일부 무사 등을 이끌고 드디어 싯켄인 호조 요시토키를 토벌하기 위해 거병했다. 그러나 상황 측의 기대와 달리 동국의 대다수의 무사들은 호조 가문 측으로 결집하여 교토를 공격했다. 한 달 후 전투는 막부 측의 압도적인 승리로 끝나고 고토바·쓰치미카도(土御門, 재위 1198~1210)·준토쿠(順德, 재위 1210~1221)의 세 상황을 귀양 보내고 주쿄우(仲恭) 덴노(재위 1221)를 폐위시켰다(조큐의 난). 이 난에서 승리함으로써 막부 체제는 유지될 수 있었다.

조큐의 난에서 승리한 막부는 그 이후 황위계승에 개입함과 더불어 수도인 교토에 새롭게 '로쿠하라탐다이'라는 기구를 설치하여 덴노 정부의 감시 및 교토 내외의 경비와 서국의 관할을 담당하게 했다. 그럼으로써 막부의 권력은 크게 확장되었으나, 그 이후에도 덴노 정부를 국가통치체제의 정점으로 하는 막부의 통치 형식에는 변화가 없었다. 아무리 막부가 세력을 확장해도 국가통치의 정당성을 갖기 위해서는 덴노 정부의 권위를 이용할 수밖에 없었기 때문이다.

조큐의 난 후 막부는 싯켄인 호조 야스토키(北条 泰時, 1183~1242)의 지도하에 크게 발전했다. 1232(죠에이(貞永) 원)년 야스토키는 무사사회의 관습에 입각하여, 무사가 독자적으로 최초로 제정한 법률인 조에이시키모쿠(貞永式目) 51조를 널리 고케닌들에게 알렸다. 이것은 고케닌에게 재판의 기준을 이해하기 쉽게 제시한 것으로 이후 무사법률의 모범이 되었다.

한편 원나라는 고려를 복속시킨 후 일본에도 여러 번 조공할 것을 강요해 왔다. 그러나 막부의 싯켄인 호조 토키무네(北條 時宗, 1251~1284)가 그것을 거부하자 원나라는 1274년과 1281년의 두 번에 걸쳐 일본을 습격했다(이것을 겐코우(元寇), 몽고의 습격이라 한다.). 이를 계기로 덴노 정부는 외교권까지 상실하게 되었다. 원군의 도래에 대해서는 큐슈에 있는 막부 기관인 친세이부교(鎭西奉行)가 교토의 덴노 정부에게 먼저 보고하였는데, 덴노 정부에서는 이를 처리하지 못해 그 보고를 가마쿠라 막부에 보내 대응을 위임했다. 즉, 덴노 정부는 자발적으로 외교권을 포기한 셈이다. 따라서 막부는 본래의 직무인 '오랑캐를 정벌하는 대장군의 정부'로서의 역할을 담당하게 되었고, 원나라와의 전쟁을 통해 그전까지는 막부의 지배권 밖에 있었던 대사원과 신사의 장원에 대한 군사 동원권을 얻었다. 이리하여 막부는 덴노 정부를 포함한 일본 전체의 군사권을 장악하게 되었다.

그러나 막부는 원의 습격으로 많은 희생을 감수했던 고케닌들에게 충분한 보상을 해주지 못하여 고케닌들의 신뢰를 잃는 결과를 초래했다. 또 대부분의 고케닌은 이전부터의 원칙이던 분할상속을 반복해서 영토가 세분화된 데다가 화폐 경제의 발전으로 궁핍해졌기 때문에 원의 습격으로 인한 후유증은 매우 컸다. 이에 막부는 궁핍한 고케닌을 구제할 대책을 마련

하여, 1297(에이닌(永仁) 5)년에는 고케닌의 영토를 담보로 하거나 매매하는 것을 금지하였다. 또한 그전까지 담보한 것과 매각한 토지는 고케닌에게 무상으로 돌려주고, 고케닌이 관계된 금전소송을 접수하지 않는 등 강한 수단을 사용했지만 이 방법은 효과를 얻지 못했다.

중소 고케닌 대부분이 몰락하는 가운데 경제정세에 잘 적응하여 세력을 확대한 무사도 생겼다. 특히 슈고 중에서는 몰락한 고케닌을 받아들여 큰 세력을 구축한 자도 나타났다. 이와 같은 동요를 진정시키기 위해서 호조 가문은 전제정치를 강화했지만 그것은 더욱더 고케닌들의 불만을 증대하는 결과가 되었고, 이렇게 해서 막부 지배의 위기는 심해졌다.

이런 가운데 다이카쿠지토우(大覺寺統)[7]로부터 즉위한 고다이고(後醍醐) 덴노(재위 1318~1339)는 송학(주자학)의 대의명분론을 배워 정치의 쇄신을 기도했다. 덴노 권한의 제약을 인정하지 않고 덴노의 친정을 이상으로 하는 고다이고 덴노는 1321년에 인세이를 폐지하고, 친정을 실시하는 등 의욕적인 정치를 했다.

막부의 싯켄인 호조 다카토키(北條 高時, 1303~1333)의 측근이 정치를 점유함으로써 그에 대한 고케닌들의 반발이 차차 높아지는 한편, 고케닌이 아닌 신흥무사가 무력을 이용하여 납세를 거부하고 장원 영주에 저항하는 등의 움직임도 활발했다. 이 정세를 본 덴노는 막부를 토벌할 계획을 진행했지만 1324년 막부 측으로 비밀이 유출되어 실패했다. 그 후에도 덴노는 막부 토벌의 의지를 버리지 않고 1331년 거병을 기도했으나 실패하고, 막부가 추대한 코우겐(光厳) 덴노(재위 1331~1333)가 즉위하였다. 고다이고 덴노는 다음 해에 오키(隱岐) 섬에 유배되었으나, 황자인 모리요시 신노우(護良 親王, 1308~1335)와 구스노키 마사시게(楠木 正成, 1294~1336) 등은 기내의 신흥무사 등의 반 막부 세력과 봉기하여 막부군과 끈기 있게 싸웠다. 그 후 얼마 안 되어 고다이고 덴노는 오키섬을 탈출하였고, 그의 호소에 응하여 막부의 토벌에 나서는 이들이 많아졌다. 유력한 고케닌으로 막부군의 지휘관이었던 아시카가와 다카우지(足利 高氏, 1305~1358, 후에 다카우지(尊氏)로 개명)도 막부를 배반하고 교토의 로쿠하라탐다이를 공락(攻落)했다. 또 관동에서 거병한 닛타 요시사다(新田 義貞, 1301~1338)도 가마쿠라를 공락하여 호조 다카토키 이하를 멸망시켰다. 이렇게 해서 가마쿠라 막부는 멸망했다(1333).

가마쿠라 막부가 멸망하자 고다이고 덴노는 교토로 돌아와 귀족과 무사에 대한 지배체계를 확립했다(젠무(建武)신정新政, 1333~1335). 중앙기관의 정비와 더불어 지방의 국에는 국사와 슈고를 병치했지만, 슈고의 직권을 줄임으로써 무사에 대한 지휘 명령권을 국사에게 위임했다. 고다이고 덴노는 덴노에게 모든 권한을 집중하는 덴노 독재체제의 수립을 시도했지만, 현실적으로는 많은 타협을 했다. 가문의 격식과 관례를 무시한 인사는 귀족층의 불만을 일으켰고, 토지정책의 실패와 보상의 불공평은 무사들의 동요와 반발을 초래했기 때문에 지방에서는 반란이 자주 일어났다. 결국 무사정권의 부활을 꿈꾸는 무사들이 신망했던 아시카가 다카우지의 배반으로 불과 3년 만에 신정은 끝나고 말았다.

이상과 같이 가마쿠라 시대(1192~1333)에는 정치권력도 귀족으로부터 무사로 이행했다. 덴노는 관위수여 이외에는 어떤 정치적 행위에도 관여할 수 없고, 그 권위의 근거인 신도제사神道祭祀에 전념할 수밖에 없는 존재가 됨으로써 그 이후 덴노 체제의 힘은 점차 약해졌다. 게다가 가마쿠라 막부의 권력 그 자체도 막부 성립 이후 100년 정도를 제외하면 강력한 통치능력을 가지고 있었다고는 볼 수 없다. '겐무 중흥中興'이라고 부른 고다이고 덴노의 복고주의 쿠데타는 권력의 잔해뿐 아니라 권위까지 뿌리째 빼앗길 것에 대한 절박한 위기의식 때문에 일어났다고 할 수 있다.[8]

무로마치 막부

아시카가 다카우지는 1338년 세이이타이쇼군으로 임명되었다. 교토로부터 도피한 고다이고 덴노는 요시노의 산중에 숨어 자신이 정통의 황위에 있는 자라고 주장했다. 그 결과 요시노의 남조와 교토의 북조가 대립하여, 이후 약 60년에 걸친 전국적인 동란이 일어났다. 오랫동안 계속된 남북조南北朝의 동란도 아시카가 다카우지의 손자인 아시카가 요시미쓰((足利 義滿), 1358~1408, 재직 1368~1394)가 쇼군이 될 무렵

39

에는 차차 수습되었고, 남조의 고카메야마(後亀山) 덴노(재위 1383~1392)가 요시미쓰의 요청에 의해 교토로 돌아와 북조의 고코마쓰(後小松) 덴노(재위 1382~1412)에게 양위하는 것으로 남북조가 통합되며(1392) 내란을 종결시킬 수 있었다. 뿐만 아니라 요시미쓰는 전국의 상공업의 중심이자 정권의 소재지인 교토의 시정권과 각 국에 부과한 세금의 징수권 등 덴노 정부가 보유하고 있었던 권한을 막부 관할로 옮기고, 전국적인 통일정권으로서의 막부를 확립했다. 요시미쓰는 이미 1378년 교토의 무로마치(室町)에 화려한 저택을 만들고 여기에서 정치를 시행했기 때문에 이 막부를 무로마치 막부라고 부르게 되었다. 요시미쓰는 쇼군으로서는 처음으로 태정대신에 올라, 출가한 후에도 막부와 덴노 정부에 대한 실권을 행사했기 때문에 쇼군의 권위는 매우 높았다.

막부 기구도 요시미쓰의 시대에 거의 정비되었다. 쇼군을 보좌하는 중심 기관인 간레이(菅領)를 설치하여, 중앙기관인 사무라이도코로와 만도코로를 통할시킴과 동시에 쇼군의 명령을 각 국의 슈고에 전달하게 했다. 간레이에는 아시카가와(足利) 가문의 유력 슈고인 호소카와(細川)·시바(斯波)·하타케야마(畠山)의 세 집안이 교대로 임명되었다. 교토 내외의 경비와 형사재판을 담당하는 사무라이도코로의 장관도 아카마쓰(赤松)·잇시키(一色)·야마나(山名) 및 교우고쿠(京極)의 네 가문에서 임명되는 것이 관례였다. 이들 유력 슈고는 주로 교토에 체류하면서 막부의 중추를 차지하여 주요정무를 결정하면서 막부정치의 운영을 담당했다. 또 일반 슈고도 영토의 통치는 슈고다이(守護代)라는 직분에게 맡기고 자신은 교토에 체류하며 막부로 출사하는 것이 원칙이었다. 막부는 지방무사들을 조직화하기 위해서 슈고의 권한을 대폭 확대했다. 이 시대의 슈고는 가마쿠라 막부 체제하에서의 슈고와 구별하여 슈고다이묘(守護大名)라 하는데, 그들의 영토 지배권은 기본적으로 막부가 주는 것이었다.

무로마치 막부의 3대 쇼군인 아시카가와 요시미쓰(足利 義, 1358~1408, 재직 1368~1394)의 사후, 막부의 실권은 슈고다이묘에게 점차 이행되었다. 슈고다이묘 중 큰 세력을 가진 호소카와 가문과 야마나 가문은 막부의 실권을 둘러싸고 싸움을 계속하고 있었다. 8대 쇼군인 아시카가와 요시마사(足利 義政, 1430~1490, 재직 1449~1473) 때에는 쇼군과 간레이의 후계자 문제를 둘러싸고 호소카와 가쓰모토(細川 勝元, 1430~ 1473)와 야마나 모치토요(山名 持豊, 1404~1473)가 대립하여, 1467(오오닌(応仁) 원)년에는 약 1세기에 걸친 전국시대의 시작을 알리는 '오오닌의 난'이 일어났다. 전국의 무사들은 16만 명이라 전해지는 호소카와의 동군東軍과 11만 명이라 전해지는 야마나의 서군西軍이 참가한 교토를 주 전장으로 하여 11년간 전란을 계속했다. 그 결과 교토의 대부분은 불탄 벌판으로 변했고, 장원 체제도 무너졌다. 오오닌의 난을 계기로 쇼군의 권위는 땅에 떨어지고, 쇼군의 감시하에 있었던 덴노는 그 생계를 유지하는 것도 곤란한 상태까지 이르렀다. 오오닌의 난 당시 교토에 남아 싸웠던 슈고다이묘의 영토에서는 그곳에 남아 싸웠던 슈고다이와 토호들이 세력을 확장하여, 슈고다이묘 영토의 실권은 차차 그들에게 옮겨갔다. 그들 중에서 자기 힘으로 구축한 영토에서 독자적인 지배를 시행한 지방정권으로서의 센고쿠다이묘(戰國大名)가 등장한다. 이 센고쿠(戰國) 시대는 아랫사람이 자기 힘으로 윗사람을 눌러버리는 하극상의 시대가 되었다.

센고쿠다이묘 중 전국통일의 숙원을 최초로 실행한 자는 오와리((尾張), 현재의 아이지(愛知) 현)의 오다 노부나가(織田信長, 1534~1582)였다. 뛰어난 군사지휘관이었던 오다 노부나가는 조직성과 기동력이 풍부한 군사력으로 센고쿠다이묘를 잇달아 타도했을 뿐 아니라, 전통적인 정치와 경제의 질서·권위에 도전하여 관문의 철폐 등 새로운 지배체제의 구축을 시도했다. 노부나가는 천하통일을 위해 쇼군의 권위를 일시적으로 이용했지만, 자기가 영립한 쇼군이 자기를 배반하자 1573년에 쇼군을 추방하고(무로마치 막부 멸망) 새롭게 덴노의 권위를 이용하기 시작했다. 노부나가는 전국 제일의 경제력을 가지고 자치도시로서 번영하고 있었던 사카이(堺)를 무력으로 굴복시켜 직할령으로 하는 등 높은 경제력을 자기 밑으로 집중시켰다. 또 아쓰치((安土), 현재의 시가(滋賀) 현에 있는 지명)의 조카마치((城下町), 다이묘의 거성(居城)을 중심으로 발달된 도시)에 사는 상공업자들에게는 자유로운 영업활동을 인정하는 등 새로운 도시정책을 시행했다.

오다 노부나가의 뒤를 이어 천하통일을 완성한 자가 도요토미 히데요시(豊臣 秀吉, 1537~1598)였다. 그는 1585년에 간파쿠, 1586년에는 태정대신으로 임명되고 도요토미(豊臣)라는 성을 하사받았다. 간파쿠가 된 히데요시는 덴노로부터 일본 전국에 대한 지배권을 위임받았다고 하며, 서로 싸우고 있었던 센고쿠다이묘들에게 정전停戰을 명령한 후 그들의 영토에 대한 결정을 자신에게 위임할 것을 강요하였다. 또한 이 명령에 따르지 않고 규슈 지방에서 세력을 떨치고 있던 시마즈 요시히사(島津 義久, 1533~1611)를 1587년 토벌하여 항복시켰다. 더 나아가 1590년에는 오다와라((小田原), 현재의 가나가와(神奈川) 현에 있는 지방)의 호조 우지마사(北条 氏政), 1538~1590)를 멸망시키고, 다테 마사무네((伊達 政宗), 1567~1636) 등 동북 지방의 여러 다이묘를 복속시켜 전국통일을 완성했다. 히데요시는 노부나가의 후계자로서의 길을 걸으면서도 군사적 정복에만 의뢰하지 않고, 강력한 군사력·경제력을 배경으로 하며 덴노가 가지고 있는 전통적 권위를 이용하여 새로운 통일국가를 건설했다. 히데요시는 1588년 교토에서 고요우제이(後陽成) 덴노(재위 1586~1611)를 맞아 환대하던 중, 여러 다이묘들로부터 덴노와 히데요시에 대한 충성을 맹세받았다.

도요토미 정권의 경제적인 기반은 각지에 설치한 약 200만 석의 직할령이었지만, 그 외에도 주요 광산에서의 금·은의 생산에 따른 수입을 독점하여 금화를 주조했다. 또한 교토·오오사카・사카이・후시미((伏見), 교토에 있는 지명)・나가사키(長崎) 등의 주요 도시를 지배하며 정치・군사 등에 그 경제력을 활용했다.

그러나 도요토미의 독재가 강했기 때문에 도요토미 정권에서는 중앙정부의 조직 정비가 충분하게 실시되지 않았다. 측근으로 하여금 정무를 분담케 하고, 유력 다이묘들에게 주요 정무를 합의하여 결정시키는 제도인 오봉행제도五奉行制度[9]가 마련되기는 하였으나, 이는 도요토미 히데요시 말년의 일이었다. 또한 새로운 체제를 창출하기 위해 토지검사정책과 농민의 무기를 몰수하는 정책을 시행했다. 도요토미 히데요시는 천하통일의 다음 해인 1591년 전국의 다이묘들에게 각 영토의 검사장檢地帳(겐치초우)과 토지도(구니에주(国絵図))의 제출을 명했다. 토지검사장은 각 영지의 쌀 생산량(단위는 석石)으로 환산하여 통일할 것이 요구되었다. 그 결과 모든 다이묘 영지의 쌀 생산량이 정식으로 정해져, 다이묘는 그것에 따라 군역에 봉사하는 체제가 정비되었다. 이 각 지역에서 통일된 기준 아래 일제히 토지검사정책이 실시되었다. 이들 도요토미 히토요시가 실시한 토지검사정책을 다이코우((太閤), 은퇴한 간파쿠의 호칭) 겐치(檢地)라고 부른다. 또 도요토미는 1588년 농민 봉기를 방지하고 농민을 농업에 전념시키기 위해 무기몰수령(가타나가리(刀狩))을 내림으로써, 농민의 신분을 명확히 하여 농병분리를 완성시켰다.

에도 막부

한때 오다 노부나가와 동맹하여 도카이(東海)지방에 세력을 확보한 도쿠가와 이에야스(德川 家康, 1542~1616)는 1590년, 호조 가문이 멸망한 후에 관동으로 영지를 옮기고, 약 250만 석의 영지를 지배하는 다이묘가 되었다. 도요토미 정권하에서 최고 실력자(오타이로五大老의 수석, 오타이로는 다섯 명의 최고 실권자로, 이들의 합의에 따라 정책이 결정된다)의 지위에 있었던 이에야스는 히데요시 사후에 지위가 부상했다. 그러나 주요 세력의 한 사람인 이시다 미쓰나리((石田 三成), 1560~ 1600)와 이에야스와의 대립이 표면화되어, 1600년 미쓰나리는 모우리 데루모토((毛利 輝元), 1553~1625)를 맹주로 하여 서군을 거병했다. 이들은 이에야스와 그를 따른 후쿠시마 마사노리((福島 正則), 1561~1624)·가토 기요마사((加藤 淸正), 1562~1611) 등의 여러 다이묘들로 구성된 동군과 세키가하라(関ケ原, 현재의 기후(岐阜) 현에 있는 지명)에서 격돌했다(세키가하라의 전투). 천하를 두고 겨루는 이 결전에서 승리한 이에야스는 서군의 여러 다이묘들을 처결하였다. 1603년 전 다이묘에 대한 지휘권의 정통성을 얻기 위해 덴노로부터 세이이타이쇼군의 호칭을 선지宣旨받고, 에도((江戶), 현재의 도쿄)에 막부를 세움으로써 에도 시대가 개막되었다. 그러나 아직 오오사카(大坂)에는 막부의 권력에 잠재적인 위협이 될 수 있는 히데요시의 아들인 도요토미 히데요리((豊臣 秀頼), 1593~ 1615)가 있었다. 그

래서 이에야스는 1605년 쇼군의 직위가 도쿠가와 가문의 세습이라는 것을 여러 다이묘들에게 보여주기 위해 스스로 쇼군직을 사임하고, 아들인 도쿠가와 히데타다(德川 秀忠, 1579~1632, 재직 1605~1623)에게 쇼군 호칭의 선지를 받게 했다. 이에야스는 순푸(駿府), 현재의 시즈오카(靜岡) 현로 거주를 옮겼으나 실권은 계속 장악했고, 드디어 1615년에 도요토미 히데요리를 멸망시켰다. 막부는 도요토미 히데요리의 사망 직후인 1615년에 다이묘의 거성을 하나로 한정시키고, 부케쇼핫토(武家諸法度)를 제정하여 다이묘들을 엄격히 통제했다.10) 다이묘는 영토의 쌀 생산량에 따라 일정수의 병사와 말을 상비하고, 쇼군의 명령으로 출진하며, 평화시에는 에도성 등의 수축과 하천 공사 등을 담당했다. 2대 쇼군 도쿠가와 히데타다는 1623년 쇼군직을 아들인 도쿠가와 이에미쓰(德川 家光), 1604~1651, 재직 1623~1651)에게 물려주고, 자신은 오오고쇼(大御所), 은퇴한 쇼군을 의미)로서 막부 권력의 기초 수립에 노력했다. 3대 쇼군 도쿠가와 이에미쓰는 1635년 부케쇼핫토를 반포하여 여러 다이묘들에게 법도의 존수를 엄명했다. 특히 다이묘에게는 자신의 영토와 에도를 1년 교대로 왕복할 것(산킨코타이(參勤交代))11)을 의무화하여, 그 처자들은 에도에 거주하도록 명령하였다. 이렇게 해서 3대 쇼군 도쿠가와 이에미쓰의 시대까지는 쇼군과 다이묘와의 주종관계가 확립되었다. 이와 같이 강력한 영주권을 소유한 쇼군(막부)과 다이묘(번)가 토지와 인민을 통치하는 지배체제를 '막번幕藩 체제'라

한다.

도쿠가와 이에야스는 1611년 고미즈오(後水尾) 덴노(재위 1611~1629)를 옹립했다. 당시 이에야스는 덴노의 양위·즉위까지 무사정권의 결정에 따라야만 할 정도로 강력한 권력을 가졌다. 게다가 1615년에는 조정통제의 기준을 명시하는 법도(킨쥬나라비니쿠게쇼핫토(禁中並公家諸法度))를 별도로 제정하였다. 막부는 덴노 정부를 감시하는 기관(교토쇼시다이(京都所司代))을 설치함과 동시에 셋칸가에게 덴노 정부를 통제할 수 있는 주도권을 주고, 부케덴소우(武家伝奏)[12]를 통해서 조정을 장악하려고 했다. 막부는 덴노 및 덴노 정부가 스스로 권력을 행사하거나 다른 다이묘들에게 이용당하지 못하도록 덴노와 귀족의 생활·행동을 규제하며 교토에 가두는 체제를 실행했다. 더구나 막부는 덴노 정부 고유의 기능(관위 제도, 연호 및 역법 등의 개정)도 막부의 허락이 있어야 실행할 수 있도록 규제하고 덴노를 막부 통치에 활용했다.

이상과 같이 1603년에 도쿠가와 이에야스가 세이이타이쇼군에 임명됨과 동시에 정식으로 출발한 막번 체제는 그 정권의 권위를 높이는 '정통성 부여 장치' 혹은 '권위 부여 장치'로 덴노를 이용하기 위해 덴노와 덴노 정부를 명목상 막부의 위에 위치시키는 체제, 즉 덴노가 군림하고 도쿠가와 쇼군이 지배하는 체제를 1868년까지 약 2세기 반 동안 유지했다. 이 지배체제의 특색은 정신적 군주인 덴노가 권위를 가지고, 정치적 군주인 쇼군이 권력을 가지는 체제라는 것에 있다. 다시 말해 덴노 정부는 교토에, 쇼군의 막부는 에도에 위치하는 이중 정부구조에 의한 이원 지배체제였다는 것이다. 정신적 군주인 덴노는 고대 이래 일본 본래의 주권자로서의 권위를 그 이후에도 계속 유지하지만, 정치적 군주인 쇼군은 권력의 상실과 더불어 역사의 무대로부터 사라진다.

스스로 독자적인 정통성을 부여할 수 없었던 막부는 덴노의 권위를 독점적으로 이용하여 자기 정권에 권위를 부여하고 덴노 정부와 귀족 사회를 통제했다. 그것에 반발한 고미즈오 덴노는 1627(칸에이(寬永) 4)년에 '보라색 승복 사건'[13]을 일으켜 퇴위하게 되었다. 이와 같이 정치적으로 무력한 덴노는 경제적으로도 막부에게 의존하는 존재에 지나지 않았다. 그러나 세이이타이쇼군의 임명과 무사에 대한 관위 수여 및 무사정권의 정통성 부여 등에 관여[14]하고 있었던 것을 고려하면, 막부 권력의 정통성의 근원으로서 덴노가 가지는 존재의 의의는 컸다고 말할 수 있다. 이와 같은 덴노의 정신적 군주로서의 성격이 막부 권력의 쇠퇴와 더불어 크게 부각되어, 에도 시대 후기에는 주자학의 명분론과 국학의 영향 등으로 '쇼군은 덴노로부터 통치권을 위임받는 것에 지나지 않는다'고 주장해 소위 '대정위임론大政委任論'이 확대될 토양이 마련되었다고 할 수 있다. 이 주장은 덴노를 비롯한 덴노 정부 측만이 아니라, 막부 측에도 영향을 미쳤다.[15] 더 나아가 막부 말기가 되면 대정위임론이 막부와 반 막부 세력인 도막派倒幕派 양자에게 당연한 사실로 인식되고, 그것은 얼마 후(1867.10.14) 15대 쇼군 도쿠가와 요시노부((德川 慶喜), 1837~1913, 재직 1866~1867)에 의해, 덴노로부터 위임받은 통치권을 다시 덴노에게 반환한다는 의미의 '대정봉환大政奉還'으로서 결실을 맺는다.

메이지 헌법체제에서의 정치권력 일원화와 좌절

메이지유신과 덴노관의 확립

메이지유신은 일본이 근대국가로서 출발하는 계기가 되었다. 메이지 정부는 덴노의 권위에 입각하여 군대와 관료기구를 정비하고, 중앙집권국가의 확립을 시도했다. '왕정복고'라고도 불리는 메이지유신은 덴노를 최고 지위에 올리고 쇼군을 제거하여 계층적인 질서를 단순화했다. 고대에만 일시적으로 사용되었을 뿐 그 후 오랫동안 사용하지 않았던 '덴노'라는 호칭이 메이지유신 이후 공식적으로 사용된 것을 보아, 메이지유신은 '덴노 호칭의 부활'이라고도 말할 수 있다. 이렇게 하여 가마쿠라 막부 이래 지속되었던 이중정부체제의 막이 내렸다. 또한 왕정복고 이후의 정치가들은 번의 폐지를 통해서 '다이묘에 대한 충성'과 '국가에 대한 충성' 사이의 모순을 제거할 수 있게 되었다.[16]

메이지유신은 흑선(증기선, 페리함대를 지칭)의 출현과 청국이 아편전쟁에서 영국에 패배한 것에 대해, 위기의식을 느낀 사쓰마 번(현재의 가고시마(鹿兒島) 현), 조슈 번(현재의 야무구치(山口) 현), 토사 번(현재의 고지(高知) 현)과 비젠 번(현재의 사가(佐賀) 현) 등을 중심으로 한 서남지방의 유력 번들(이들을 서남웅번西南雄藩이라 함)의 하급무사의 근대화 추진을 위한 혁명이었다고 말할 수 있다.[17]

그러므로 메이지 신정부의 최우선 과제는 무엇보다도 근대국가의 전제조건인 정치적 통합, 즉 막번 체제를 해체하고 강고한 근대적 중앙집권국가를 건설하는 것이었다. 그를 위해 메이지 신정부가 채택한 방법은 덴노라는 상징을 전면으로 나타낸 '왕정복고'의 이름 아래 약 300개 정도의 자립성을 가진 번을 해체하여 강력한 중앙집권적 권위체제로 흡수 통합하는 것으로, 이는 일본 전국을 하나의 행정시스템으로 통일하는 것이었다. 다시 말해 메이지유신은 가마쿠라 막부 이래의 이중정부체제, 즉 덴노 정부가 권위를, 쇼군 정부인 막부가 권력을 독점하는 지방분권적인 이원지배구조에서 중앙집권적인 일원지배구조로 전환하는 과정이었다고 말할 수 있다. 다시 말해 덴노의 정부인 메이지 정부가 권위와 권력을 독점하는 체제로 변한 것이다. 이 과정에서 덴노의 역할이 확대되었다.

메이지유신에서 덴노가 완수한 정치적 역할을 다음 다섯 가지로 요약할 수 있다.

첫째, 평화적 정권교체의 '촉매'로서 가졌던 역할을 들 수 있다. 메이지유신이 체제변혁을 수반한 사실상의 혁명이었기 때문에 1868(메이지 원)년 1월에 있었던 도바·후시미의 전투로부터 1869년 5월의 하코다테((箱館), 홋카이도(北海道)에 있는 항구도시) 전쟁에 이르기까지 메이지 신정부와 반反 신정부적인 여러 번 및 구舊 막부 세력과의 내전은 진행됐다. 하지만 비교적 큰 혼란 없이 이러한 체제 변혁이 원활하게 이루어진 것은 덴노라는 존재가 있었기에 가능했다.

둘째, 대의명분의 '핵'으로서의 역할을 들 수 있다. 막부 말기 페리함대의 흑선 등장과 아편전쟁에서 청국이 서양강국에 패배한 것에 위기의식을 느낀 민중은 당시 체제를 새롭게 바꿀 수 있는 강력한 중앙집권적인 군사국가의 등장을 기대하게 되었다. 사쓰마 번과 조슈 번을 중심으로 하는 반 막부 세력인 도막파 측과 막부 측 어느 쪽에게나 정권의 정통성 획득을 위해 덴노를 정권의 상징으로 내세우는 것은 필수조건이었고 존왕尊王은 시대적 풍조가 되었다. 덴노는 막부 말기의 지사들 사이에서는 '다마((玉), 도구, 수단' 또는 '교쿠((玉), 절대적 가치의 상징)라고 불리고 있었는데, 결국 막부 측과 도막파의 정통성 획득경쟁은 '교쿠'[18]를 서로 빼앗는 싸움이었다고 말할 수 있다.

막부 측의 패배원인은 도막파에게 교쿠를 빼앗겼다는 점에 있다. 즉, 원래의 통치자인 덴노로부터 위임받은 통치권을 다시 덴노에게 반환하는 것을 의미하는 '대정봉환'을 통해 막부는 도막파의 기선을 장악하고 상황을 유리하게 전개했지만(1867.10.14), 대의명분의 핵인 교쿠의 확보에 대해서는 방심했던 것이다. 당시 막부의 최강 정예부대라 하는 아이즈(會津)군과 쿠와나(桑名)군을 궁전에 배치하지 않았기 때문에, 막부는 사쓰마 번을 중심으로 왕정복고 쿠데타를 일으킨 도막파 세력에게 교쿠를 빼앗기게 된다. 게다가 사쓰마 번과 조슈 번의 도발에 의해 시작된 도바·후시미의 전투에서 패하며 '막부군은 조정의 적'이라는 오명을 받아 급속히 전의를 잃고, 결국 막부 타도를 외치는 도막파를 중심으로 하는 관군에게 항복하게 된다. 이와 같이 대의명분의 핵으로서 덴노가 가진 의미는 대단히 컸다고 말할 수 있다.

셋째, '권위 부여 장치' '정통성 부여 장치'로서의 역할을 들 수 있다. 메이지유신에 따라 권력은 도쿠가와 막부로부터 서남웅번을 중심으로 하는 메이지 신정부로 이행되었다. 메이지 신정부는 막부 권력의 정통성의 근원이었던 덴노를 받들어 모셔 자신들의 정통성 획득에 노력했다. '일군만민'의 정치체제에 있어서는 직접 교쿠를 받드는 정치집단이 강대한 정치적인 실권을 갖게 된다. 서남웅번의 유신관리들은 막번 체제를 부정하고, 왕정복고 쿠데타로 다이묘들에 의한 연합정권 구상을 무산시킴으로써 신정부는 실권을 장악했으나 능력은 있어도 신분이 낮았던 탓에 권위가 없었다. 그러나 자기들이 만든 신정부의 시책을 일본 전국에서 시행하기 위해서는 어떻게 해서라도 자신들의 권위를 높일 필요가 있었다. 때문에 고대 이래 일본 최고의 권위자이자 신적인 권위를 함께 가진 덴노의 권위를 최대한 이용할 수밖에 없었던 것이다. 즉, 덴노는 하급 무사 출신의 유신관리들에게 권위를 부여하는 '권위의 두루마기' 같은 역할을 했다고 할 수 있다.

넷째는 '정치질서 합리화를 위한 권위'로서의 역할이다. 메이지유신은 1차로 왕정복고 쿠테타로 막부 세력을 일소하고, 번을 없애고 현縣을 설치하는 폐번치현廢藩置縣을 단행함으로써(1871.7.) 다이묘 세력을 번으로부터 분리시킨 후 권력을 중앙으로 집중시키는 2단계 혁명의 형태로 달성되었다. 여기에서 큰 힘이 된 것은 덴노 상징에서 유래한 '대정위임론' 및 일본 전국의 영토와 인민은 본래 덴노의 소유라는 '왕토왕민론王土王民論'이었다고 할 수 있다. 고대 이래 일본 본래의 통치권이 덴노 정부에 있고, 막부는 그것을 위임받고 있는 것에 지나지 않는다는 대정위임론이 등장한 것은 근세 중기 이후였는데, 막말에 도막파 무사와 귀족은 이 논리로 자신들의 운동을 정당화하여 통치권을 덴노 정부에 반환하려 하였다. 또한 마지막 쇼군인 도쿠가와 요시노부 역시 이 논리를 이용하여 도막파보다 앞서 대정봉환을 시행하여 이후의 정치적 주도권을 확보하려 했다. 왕정복고 후(1869.6.)에 각 다이묘들이 자발적으로 자신이 지배하는 영토와 인민을 덴노 정부에게 돌려주는 판적봉환版籍奉還이 실시되었지만, 이것도 대정위임론에 입각한 것이었다고 할 수 있다.[19] 이와 같이 막부 말기에 막부 측과 도막파 상호간에는 "일본국의 통치권은 본래 덴노에 있고, 막부는 일시적으로 이것을 위임받고 있는 것에 지나지 않기 때문에 언젠가는 이것을 덴노에게 반환해야 한다."는 암묵적 합의가 있었다. 그렇기 때문에 대정봉환(1867.10.14.), 판적봉환(1869.6.), 폐번치현(1817.7.)이라는 역사적인 위업을 큰 저항 없이 달성할 수 있었던 것이다. 폐번치현을 단행함에 따라 유신정권은 일단 전국적인 정치통합을 달성했다고 할 수 있다. 이와 같은 봉건적 장애를 제거하기 위한 정치질서 합리화에 있어서 덴노의 역할이 컸던 것을 알 수 있다.

다섯째, 국민을 국가에 연결하는 '기축'으로서의 역할을 들 수 있다. 메이지 신정부는 그 권력을 서남웅번에 의존하고 있었기 때문에 그 권한이 전국으로 미치지 못한다는 공간적 제약뿐 아니라, 서양열강에 의한 식민지화의 위기하에서 하루라도 빨리 근대화를 달성해야 한다는 시간적 제약도 있었다. 일반적으로 근대화를 추진하기 위해서는 무엇보다도 흔들리지 않고 계획을 추진할 수 있는 권위가 필요하다고 한다. 왜냐하면 정치권력은 그것이 유일한 정통적인 권력이라는 승인을 얻어야만 비로소 다수가 복종하기 때문이다. 그러므로 정부가 근대화를 추진하기 위해서는 우선 정부 자신이 정통성에 입각한 권위를 가질 필요가 있는 것이다. 메이지 신정부는 번민藩民의식으로부터 벗어나지 못하고 있는 국민, 쇼군은 알아도 덴노는 모르는 국민을 상대해야 했다. 때문에 스스로는 아무 권위나 정통성을 가지지 못하고 구체적인 방향성을 국민 앞에 제시하지 못했던 신정부는 고대 이래 최고의 권위를 가진 통치자이자 정통성의 원천이었던 덴노를 정권의 상징으로 세움으로써 권위의 절대화와 권력의 집중화를 꾀한 후 그것을 정권의 권위부여에 이용한 것이다.

메이지 신정부는 체제변환의 혼란을 수습하고 국민의 지지를 바탕으로 하여, 문명개화라는 시대적 과제를 달성하기 위해 덴노를 국민적 결집점으로 만드는 시책을 차근차근 시행해 나갔다. 일반국민에게는 인상이 약했던 덴노를 궁전에서 나오게 하고, 전국 각지를 순회시켜 봉건제도로부터 국민을 해방시킨 '해방자로서의 덴노상' '국민의 큰 어버이로서의 덴노상'을 국민에게 주입함에 따라 국민의 애국심과 신정부에 대한 충성심을 불러일으켰다.

불안정한 사회의 국민은 대개 믿고 의지할 수 있는 권위를 요구한다. 오랜 기간 동안 무사정권이 계속되었기 때문에 덴노 정권 성립 당시는 국민의 대부분이 덴노가 어떤 존재인지 모르고 있었다. 때문에 정부는 먼저 덴노의 존재를 일반인민들에게 알리기 시작했다. 당시 전국 각 지역에서는 우지가미((氏神), 유력 씨족의 조상신)에게 제사를 드리는 신사를 중심으로 마을이 형성되어 있었다. 덴노의 존재를 알리기 위해서 정부는 덴노가 민중이 믿고 있는 신사의 신 중 최고신인 아마테라스 오오미카미의 자손이고, 각 지역 신사에 있는 신의 지위는 천자天子인 덴노가 승인한 것이며, 덴노는 '정일위正一位

이나리다이묘진'[20]보다 지위가 높다고 가르쳤다. 이를 통해 메이지 정부는 덴노가 가진 '천자'라는 신적인 권위에 대한 경외심과 복종심을 국민에게 주입하는 데 성공했다. 이것은 인격적인 존엄보다 훨씬 강렬하고 심각한 정치적인 의의를 가지고 있었다.

메이지정부는 근대화 정책을 추진하면서, 잘 정비된 관료제와 군대가 있어도 인민의 정신적인 지배가 없으면 권력을 안정시키지 못한다는 것을 일찍부터 깨닫고 있었다. 그러므로 메이지정부는 덴노의 신격화에 노력하고 의무교육을 실시했다. 국민을 정신적으로 지배하기 위한 원리로서 메이지헌법 반포 다음 해인 1890년 10월에 '교육에 관한 칙어(교육칙어)'가 반포되었다. 교육칙어는 모든 학교교육의 기본원리로서만이 아니라 국민의 정신생활에 있어서의 최고 규칙이 되었다. 군인에 대해서는 1882년에 병사가 엄수해야 하는 도덕의 근본을 규정한 '군인칙어'를 반포했다. 군인칙어는 병사의 덴노에 대한 절대적인 충성을 요구하고, 상관에 대해서도 덴노에 대한 것과 같은 복종을 명령하는 것이다.

이와 같은 교육칙어와 군인칙어를 통해 메이지정부는 모든 국가행사를 덴노와 연결하고 국민을 덴노의 신민臣民으로 교육했다. 여기에서 덴노를 큰 어버이로 하고 국민을 적자로 하는 가족국가론, 덴노 가문의 우지가미를 최고신으로 체계화하는 동족공동체론이 등장한다. 그 이외에 덴노의 탄생일과 덴노가 관여하는 행사의 날을 축제일로 제정했다. 이렇게 해서 완성된 근대 덴노제 국가에서는 인간이 인간으로서 존엄한 것이 아니라, 절대가치인 덴노와의 관계에 있어서의 위치에 따라 인간의 서열이 결정되었다. 이 서열에서 최고로 영예 있는 신민의 지위는 대신과 대장이었다.[21]

이상과 같이 불어 넣었던 덴노관이 얼마나 강렬하게 일본 국민을 정신적으로 지배하고 있었는지는 루스 베네딕트Ruth Benedict의 『국화와 칼』에 상세하게 묘사되어 있다. 제2차세계대전 중 일본인 포로들이 가지고 있던 덴노관에 대해 언급하고 있는 이 책에서 주목할 점은, 포로들은 군국주의적인 신념을 가지고 있는 자와 전쟁을 부인하는 자, 이 두 가지로 구분할 수 있으나 양자가 모두 그 신념의 뿌리를 덴노에 두고 있었다는 점이다. 이상한 일이지만 군국주의적인 신념을 가지고 있는 포로들과 전쟁과 침략적인 행위를 부인하는 포로들 모두 덴노의 전쟁책임에 대해서는 완강히 부인하고 전원(연합군에 협력한 자도 포함)이 덴노를 비방하는 것을 거부했다고 한다. 일본 포로들에게 공통된 인식은 "덴노의 명령이라면 일본인은 최후까지 싸우지만, 덴노의 명령이라면 즉시 싸우기를 멈춘다."는 것과 "덴노의 말씀만이 일본 국민에게 패전敗戰을 인정하게 하고 일본의 재건을 위하여 살 것을 납득시킬 수 있다."는 것이라고 한다. 베네딕트는 "덴노에 대한 무조건적이고 무제한적인 이러한 충성은 덴노 이외의 다른 모든 인물 및 집단에 대해서는 비판하는 사실과 현저한 대조를 나타내고 있다."고 지적했다.[22]

메이지 헌법체제에서의 무책임체제

1874년에는 정부의 강권지배에 대해서 사족층을 중심으로 지조경감地租輕減(토지의 세금을 내림)·국회개설·근대헌법 제정을 요구하는 자유민권운동이 일어났다. 이타가키 타이스케((板垣 退助), 1837~1919) 등의 '민선의원 설립건백서' 제출로 시작된 자유민권운동은 구 사족과 부농층에서 중소지주층·상공업자 및 더 나아가 중·빈농층으로 파급되었다. 빈농층이 민권운동에 참가하는 주목적은 정부의 산업자본가 육성으로 인해 부채로 고생하는 자의 생활을 보호하기 위해서였다. 1882년의 후쿠시마(福島) 사건과 1884년의 지치부(秩父, 사이타마(埼玉) 현에 있는 지명) 사건 등은 민권파 빈농층이 봉기하여 일어난 것이었다. 이런 운동 가운데 우에키 에모리((植木 枝盛), 1857~1892) 등이 메이지 헌법의 초안을 제출하였고, 정부는 9년 후에 국회 개설·헌법발포를 약속하였으며 민권파는 자유당을 결성했다(1881).

헌법제정의 준비는 1886년 말경부터 이토 히로부미(((伊藤 博文, 1841~1909))를 중심으로 시작되었다. 이후 추밀원의 심의를 거쳐 1889년 2월 11일에는 메이지헌법(대일본제국헌법)이 덴노가 제정하는 흠정欽定헌법으로서, 덴노가 신민에게 '하사'한다는 형태로 발포되었다. 메이지정부가 헌법을 제정한 가장 큰 이유는 부국강병과 불평등조약의 개정을 추진하기 위해서였다.

메이지헌법에서 덴노는 신성불가침한 존재(3조)이며, 유일한 통치권자라 규정되었다. 행정부로서 내각이, 입법부로서 제국의회23)가, 사법부로서 재판소가 각각 헌법으로 규정되고, 행정·입법·사법 등의 통치권은 모두 덴노에게 집중되었다. 덴노는 육해군을 통수하고(11조), 육해군의 편성 및 상비병력을 정한다(12조)는 조항에서 볼 수 있듯이 덴노는 절대적인 권력을 행사할 수 있었다. 이와 같이 메이지헌법에서 주권은 덴노에게 있었다. 국민은 덴노의 통치를 받는 '신민'으로서 덴노의 통치를 도울 뿐이었다.

그러나 덴노가 신성불가침의 절대적 존재라고 헌법에는 규정되어 있었지만, 덴노가 실제로 정치에 임하는 것은 아니었다. 즉, 덴노는 표면상으로만 절대성을 가졌을 뿐, 실제로는 의회나 내각, 원로 및 중신들 등의 보필을 받고 통치행위를 시행하였다. 만약 통치행위가 잘 이루어지지 않으면 덴노가 아닌 '보필' 또는 '협찬'한 자의 책임이라 하였다.

메이지헌법 체제하에서의 일본의 비극은 절대적 권력을 가진 덴노가 권위와 권력의 이원지배구조의 정치문화적 체질로부터 벗어나지 못하고 그 절대적인 권력을 행사하지 않았던 점에 있다. 다시 말해, 통수권의 독립을 주장하는 무책임한 군부의 행동을 통제할 수 있는 존재는 덴노밖에 없었지만, 이러한 절대 권력을 행사하지 않았던 것은 덴노의 책임이 아니라 보필하지 못한 중신들의 책임이라는 '무책임 체질'이 자리 잡고 있었던 것이다.

메이지헌법에서는 내각, 관료 및 군대가 덴노에게 의무적인 책임을 다하면서도 상호간에 '견제와 균형'의 관계는 이루어지지 않았다. 덴노는 정치권력뿐 아니라 정신적인 권위의 절대적인 소유자였다. 덴노는 천자이자 '아라히토가미'였고, 국민에게 외면적으로 덴노의 명령에 복종해야 할 뿐만 아니라 내면적으로도 덴노를 존경할 것을 요구했다. 국민의 일상도덕까지도 덴노의 명령이라는 형태로 국민에게 강요시킨 것을 교육칙어에서 볼 수 있다.[24] 이처럼 덴노의 통치권은 헌법에 기반을 두는 것이 아니라 (덴노의) 조상신들로부터 계승한 것이기 때문에 그것에 대해서는 누구도 간섭할 수 없었다.

이와 같은 대일본제국헌법의 특징에 대해서는 여섯 가지로 요약할 수 있다. 첫째, 집권적인 국가주의와 입헌주의라는 두 가지 요소를 가지고 있다는 점, 둘째, 주권 및 모든 국가권력을 덴노가 장악한다는 점(덴노 주권), 셋째, 헌법이 보장한 자유권은 덴노가 준 '신민의 권리'라는 점, 넷째, 덴노의 명령으로 의원에 선발된 귀족원이 민선의 중의원을 견제할 수 있었다는 점, 다섯째, 의회에서 심의하지 않고 덴노가 명령할 수 있는 권한(9조)과 긴급칙령(8조)을 가지고 있다는 점, 여섯째, 덴노는 의회·정부와 의논하지 않고도 군대에 명령할 수 있는 통수권의 독립이 있다는 점이 그것이다.

시행 초반 당시 메이지헌법은 국가주의적으로 운용되었기 때문에, 정부는 의회의 제도와 무관한 정책을 결정·시행하려 했다. 그러나 헌법상 의회의 협력 없이는 충분한 예산·입법조치를 취할 수 없는 체계였기 때문에, 차차 영국과 유사한 의원내각제 방식으로 운용하게 되었다.

이상과 같이 메이지헌법에서 덴노와 행정부의 권한은 아주 강력한 것이었지만, 의회의 동의가 없으면 예산과 법률은 성립되지 않았기 때문에 정당들은 헌법의 운용을 통해서 그 정치적 영향력을 차차 키워나갔다. 그리고 국민은 헌법에 따라 법률의 범위 안에서 소유권의 불가침, 신앙의 자유, 언론·출판·집회·결사의 자유가 인정되었다. 또한 제국의회에서의 예산안·법률안의 심의를 통해 국정에 참여할 수 있는 길을 열었고, 사법권을 행정권에서 독립시킴으로써 삼권분립의 체제도 정비되었다. 대일본제국헌법의 반포에 따라 덴노를 중심으로 한 국가체제가 확립됨과 동시에 국민의 국정참여 기회도 열리고, 일본은 아시아에서 유일한 입헌국가가 되었다. 이 헌법에는 군권주의와 입헌주의의 원리가 병존하여, 해석의 폭이 넓었다. 다이쇼(大正) 시대(1912~1926)에는 입헌주의적 이해가 깊어졌지만, 1930년 후반 이후 군부의 대두로 입헌주의적인 요소는 알맹이가 모두 빠져 버렸다.

또 메이지 20년대부터 30년대에 걸쳐 형법·민법·상법 등의 여러 법전이 공포·시행되며 법치국가의 체제가 정비되기 시작했다. 특히 형법에서는 황실에 대한 범죄인 대역죄와 불경죄 이외에 내란죄를 엄벌로 다스리는 규정이 만들어졌다. 또한 정당의 영향력이 관료에게 미치는 것을 방지하기 위해 1899(메이지 32)년에는 문관임용령을 개정하고[25], 다음 해인

1900년에는 정당의 힘이 군부에 미치는 것을 저지하기 위해서 현역의 대장 및 중장 이외에는 육·해군대신이 될 수 없다는 것을 명기한 '군부대신 현역무관제'를 제정했다. 또 치안경찰법을 공포하고, 정치·노동운동의 규제를 강화했다.

제1차세계대전이 1918년에 연합국 측의 승리로 끝나고 다음 해인 1919년에 파리에서 열린 강화회의에서 강화조약(베르사유 조약)이 조인되었다. 1920년에 발족한 국제연맹에서 일본은 상임이사국의 하나가 되었다. 제1차세계대전 후 국제정치의 주도권을 장악한 미국은 1921년, 해군의 군비축소와 태평양 및 극동문제를 심의하기 위해 국제회의(워싱턴 회의)를 소집했다. 미국의 목적은 군축협정에 따라 미·영·일의 건함경쟁을 종결시켜 자국의 재정부담을 경감하는 것과 동시에 동아시아에서의 일본의 팽창을 억제하는 것에 있었다. 회의에서는 우선 태평양 여러 섬들에 관한 미국·영국·프랑스·일본의 4개국 조약이 체결되고, 이것으로 일영동맹은 폐기되었다. 더 나아가 다음 해인 1922년에 미국·영국·프랑스·일본의 4개국에 이탈리아·중국 등 5개국을 합쳐 9개국조약이 체결되어, 중국의 영토와 주권 존중, 중국에서 각국의 경제상의 기회균등 등이 약속되었다. 또한 같은 해 미국·영국·프랑스·이탈리아·일본의 5대국 간에 해군군축조약이 체결되고, 미국과 영국은 각 50%, 일본은 30%, 프랑스와 이탈리아는 각 16.7%로 주력함 보유비율이 정해졌다. 일본 내에서는 해군, 특히 군령부가 미·영군비의 70%를 강하게 주장하고, 야당인 겐세이카이(憲政会)

도 그것을 지지했지만, 해군대신이자 전권이었던 가토 토모사부로((加藤 友三郞), 1861~1923)가 해군 내부의 불만을 억제하며 조인調印했다. 또한 이 회의장에서 1922년에 일본과 중국 사이에서 교섭이 일어나, 산동반도의 구 독일 권익을 중국으로 반환하는 조약이 체결되었다.

이와 같은 일련의 국제협정은 세계평화와 태평양·동아시아 지역에서의 열국 간 협조를 목적으로 하는 것이었는데, 이 새로운 국제질서를 워싱턴 체제라 한다. 다카하시 고레키요(高橋 是淸) 내각(1921.11.~1922.6.)은 이것을 적극적으로 받아들여 협조외교의 기초를 구축했다. 일본 내 군부와 일부 야당의 반대가 있었지만, 뒤를 이은 가토 도모사부로(加藤 友三郞) 내각(1922.6.~1923.9.)과 2차 야마모토 곤베(山本 權兵衛) 내각(1923.9.~1923.12.)에서도 협조외교노선은 이어졌다. 또한 1924년에 가토 다카아키(加藤 高明) 내각(1924.6.~1926.1.)이 성립하자 협조외교노선에 비판적이었던 야당(겐세이카이)도 동조하여, 시데하라 기쥬로((幣原 喜重郞), 1872~1951)외상 밑에서 협조외교를 추진해 갔다.

제1차세계대전 후에는 요시노 사쿠조((吉野 作造), 1878~1933)의 '민본주의' 사상과 더불어 정당정치의 확립을 목표로 한 헌법옹호운동(다이쇼 원년(1912)과 13년(1924)에 2번 일어남)이 드높아져 '다이쇼 데모크라시'라고 불렸던 일본의 정치발전의 시기를 맞이하였다. 그 결과 1924년에 가토우 다카아키((加藤 高明), 1860~1926)를 수반으로 한 호헌삼파내각이 성립하여, 이후 중의원의 다수당이 내각을 조직하는 정당내각이 1932(쇼와 7)년의 5·15사건[26]까지 계속됐다. 게다가 1925(다이쇼 14)년에는 만 25세 이상의 남자에 대한 보통선거권이 실현되었다.

보통선거법과 동시에 치안유지법[27]도 제정되었는데, 1931(쇼와6)년 만주사변 이후에는 공산주의자와 사회주의자를 대상으로 한 본래의 목적을 떠나 자유주의자에게까지 적용되었다. 1929년에 구성된 하마구치 오사치(浜口 雄幸) 내각(1929. 7.~1931.4.)은 외상으로 다시 시데하라 기주로를 기용하여 협조외교노선을 부활시켰다.

1930년에 영국의 제안으로 워싱턴 회의에서 제외된 보조함의 제한을 위해 런던에서 해군군축회의가 개최되었다. 일본의 요구 중 총톤수에서 미국·영국 대비 약 70%는 인정되었지만, 대형 순양함의 미국 대비 70% 등의 요구는 받아들여지지 않은 채 정부는 조인(런던 해군군축조약)을 명령했다. 그에 대해 해군 군령부와 우익 및 야당인 릿켄세이유카이 등은 "군령부장의 반대를 무릅쓰고 병력량을 정부가 결정한 것은 통수권의 간범"[28]이라며 과격하게 정부를 공격했다. 정부는 이들의 반대를 무릅쓰고 추밀원에서의 조약 비준에 성공했지만, 하마구치 수상은 이에 반발한 한 우익 청년의 저격을 받고 중상을 입어 다음 해인 1931년 8월에 사망했다.

1928년 말, 중국에서는 불평등조약의 철폐·권익의 회수를 요구하는 민족운동이 고양되고, 국민정부는 공식적으로 만주에서 일본의 권익회수의 의향을 표명하게 되었다. 1931년에 성립한 2차 와카쓰키 레이지로우(若槻 礼二郞) 내각(1931.4.~1931.1.)의 외교교섭에서는 만주와 몽고 문제의 해결이 진전되지 않았고, 육군 특히 관동군은 위기감을 느껴 무력을 사용하여 만주를 일본의 세력 하에 두는 것을 계획했다. 관동군 참모였던 이시하라 간지((石原 莞爾), 1889~1949)는 이전부터 "미래의 전쟁은 동서 문명의 중심이 되는 일본과 미국과의 비행기에 의한 최종적인 전면전쟁이 될 가능성이 있기 때문에 그에 대비해야 한다."는 '세계최종전론'을 전개하고, 그것의 일환으로 만주 경영을 계획하고 있었다. 이시하라 칸지 등은 1931년 9월 18일, 류조호에서 남만주 철도를 폭파(류조호 사건)한 후, 철도 폭파를 중국군이 일으켰다고 하며 군사행동을 개시해 만주사변을 일으켰다. 관동군은 내각의 불확대방침을 무시하고 점령지를 확대했다. 여론·매스컴도 군의 행동을 지지하고, 내각에서는 내각불일치까지 일어나자 사태 수습에 자신을 잃은 와카쓰키 내각은 결국 총사직하고, 같은 해 12월에 릿켄세이유카이 총재인 이누카이 쓰요시((犬養 毅), 1855~1932)를 중심으로 이누카이 쓰요시 내각(1931.12.~1932.5.15.)이 만들어졌다. 다음 해인 1932년 군은 만주의 주요지역을 대부분 점령하고, 3월에는 청조 최후의 황제인 선통제宣統帝 부의溥儀(1905~1967)를 집정으로 한 만주국의 건국을 선언했다. 이러한 일본의 행동은 미국을 중심으로 한 여러 나라의 반발을 초래하였고, 중국의 호소에 따라 국제연맹은 사실조사를 위해 영국의 릿톤을 단장으로 한 조사단을 현지와 관계국으로 파견했다.

런던 군축문제·만주사변 등을 계기로 군부의 청년장교와 우익의 급진적인 국가개조운동은 급속하고 활발하게 전개되었다. 청년장교 및 우익은 일본이 일이 잘 되지 않아 어찌 할 수 없게 된 것은 원로·중신·재벌·정당 등 지배층의 무능과 부패 때문이라 하며, 이들을 타도하고 군중심의 강력한 내각을 구성하여 내외정책을 전환할 것을 계획했다. 1931년에는 3월 사건·10월 사건[29]이 일어나고(모두 미수), 다음 해인 1932년 2~3월에는 이노우에 닛쇼(井上 日召, 1886~1967)가 인솔한 우익단체인 혈맹단이 이노우에 준노스케((井上 準之助), 1869~1932) 전 장상藏相(재무장관)과 단 다쿠마((団 琢磨), 1858~1932) 미쓰이(三井) 재벌 간부를 암살하였고(혈맹단 사건), 5월에는 해군청년장교의 일당이 이누카이 쓰요시 수상을 사살한 사건(5·15 사건)이 일어났다. 이들 사건은 지배층을 공포에 빠뜨리고, 5·15 사건 후 원로인 사이온지 긴모치((西園寺 公望), 1849~1940)가 사이토 마코토(斎藤 真, 1858~1936) 해군 대장을 수상으로 추천했다(사이토 마코토 내각, 1932.5.~1934.7.). 여기에 다이쇼 시대말 이래 8년 동안 지속된 정당내각은 붕괴하여, 태평양전쟁 종료 후까지 부활하지 않았다.

사이토 내각은 성립 4개월 뒤인 9월에 만주국과 일만의정서日滿議定書를 교환하고 만주국을 승인했다. 그러나 국제연맹은 릿톤 조사단의 보고에 입각하여, 만주에서 중국의 주권을 인정하고 일본의 점령을 부당한 행위로 규정하여 일본군의 만주철도 부속지내로의 철병 등을 요구하는 권고안을 1933년 2월 국제연맹 임시총회에 제출했다. 이것이 채택되자 마쓰오카 요스케((松岡 洋右), 1880~1946) 등 일본 전권 대표들은 퇴장하여, 3월에 정식으로 국제연맹으로부터의 탈퇴를 통고(1935년 발효)했다. 그 후 일본은 단독으로 만주경영에 나섰고, 만주국은 1934년에 부의를 황제로 하여 제정을 실시했다. 또한 1936년에는 런던 군축회의를 탈퇴함에 따라 워싱턴과 런던 양 해군조약이 실효失效되었다. 이렇게 해서 일본은 국제적으로 고립되었다.

정치에서는 정당의 힘이 차차 줄어들고, 군부와 기존 정당을 부정하고 현상타파·혁신을 주장하는 세력이 정치적 발언권을 높였다. 1934년에 온건파의 해군 대장인 오카다 케이쓰케(岡田 啓介) 내각(1934.7.~1936.3.)이 성립했다. 정치적 발언권을 증대시킨 육군 내부에서는 파벌싸움이 발생하여, 1936년 2월 26일에는 기타 잇키((北 一輝), 1883~1937, 대정말기에서 소화초기에 활약한 국가주의운동 지도자)의 사상에 영향을 받은 황도파(皇道派), 쇼와 전기의 육군의 파벌, 농본주의를 목표로 세워 국가의 개조, 특히 쿠데타에 의한 덴노 친정을 목표로 삼음)의 일부 육군청년장교가 약 1,400명의 병사들을 이끌고 수상관저·경시청 등을 습격하여, 다카하시 고레키요(高橋 是清) 장상·사이토 마코토(齋藤 真) 내대신((內大臣), 덴노의 측근으로 황실과 국정에 관해 덴노를 보좌하는 대신)·와타나베 조타로(渡

辺 錠太郎) 육군교육총감 등을 살해했다(2·26 사건).

국가의 개조·군정부의 수립을 목표로 삼은 쿠데타는 실패하여 진압되었지만, 계엄령 하에서 오카다 케이수케(岡田 啓介) 내각(1934.7.~1936.3.)을 대치한 히로타 고키(広田 弘毅) 내각(1936.3.~1937.2.)은 각료의 인선과 군비확장 및 국내정치개혁 등의 정책에 대한 군의 요구를 받아들임으로써 간신히 성립된 내각이었기에 이후의 여러 내각에도 군이 개입할 단서를 제공했다. 이 내각은 육군의 요구에 따라 군부대신 현역무관제를 부활시켰지만, 이 제도에 따라 군은 내각에 대해서 불만이 있을 때 군부대신을 추천하지 않거나 사직을 시키는 것으로 내각의 존립을 협박했다. 군의 주도하에 히로타 내각은 대외적으로는 독일과의 제휴를 추진하고, 내부적으로는 대규모 군비확장계획을 추진했다. 그러나 국내개혁이 철저하지 않은 것에 대해 불만을 갖고 있었던 군과, 군비확장에 따른 국제수지의 악화 등 내각의 정책에 불만을 갖고 있던 정당 쌍방의 반발로 히로타 내각은 1937년 2월에 총사직하여, 조각의 대명 大命(덴노의 명령)은 육군의 온건파인 우가키 가주시케((宇垣 一成), 1868~1956)에게 내려졌다. 그러나 군부는 우가키에 반대하여 육군대신을 추거하지 않았기 때문에 결국 우가키 내각은 성립하지 못했다. 이 사건은 군의 정치적 발언권이 얼마나 강한지를 확실히 보여 주었다. 결국 하야시 센주로(林 銑十郎) 내각(1937.2.~1937.5.)이 성립되어 군부와 재계와의 조정을 기도했지만, 이 내각도 단명하고 말았다.

동년 6월에는 국민의 기대를 받으며 고노에 후미마로(近衛文麿, 1891~1945)가 내각을 조직했다(1차 고노에 후미마로 내각, 1937.6.~1939.1.). 그러나 통수권의 독립을 방패로 삼아 덴노에 의한 정치를 주장하는 군부, 그리고 그것을 지지하는 관료와 자본가가 정치의 실권을 장악했다. 그 결과 정당정치는 쇠퇴하여, 국가총동원 체제하에서 일본은 1940년에 일본·독일·이탈리아 삼국동맹을 체결하여, 나치스(독일) 및 파시즘(이탈리아)과 함께 세계의 민주주의 진영과 대립하게 되었다. 1940년에는 정당도 해산되어 다이세이요쿠산카이((大政翼贊会, 중일전쟁·태평양전쟁 때 일본국민을 전시체제로 총동원하기 위해서 정부가 주도하여 설치한 국민조직))가 되었다. 이와 같이 군부독재체제가 된 일본은 일·중전쟁(1937~1945)과 태평양전쟁(1941~1945)에 돌입했다.

메이지헌법 체제가 메이지헌법에 의해서 법적으로 확립되고 군부의 대두에 따라 덴노의 신격화는 더욱더 촉진되어 덴노의 권력은 마치 신과 같은 무한성을 띠게 되었다. 문제는 최고권력자인 덴노가 결정권을 행사하지 않았다는 것, 그리고 원훈元勳이나 중신重臣들에게 권력을 부여하는 도구, 즉 중신들의 권력을 정당화하기 위한 수단으로서 이용되었다는 사실이다. 각 기관은 직접 덴노에 소속되어 덴노에 대해서만 책임을 졌기에 누구든 간섭할 수 없었고, 덴노는 절대군주로서의 결정권을 행사하지 않았다. 이것이야말로 '머리 없는 괴물'이라고 말할 수 있다.

덴노의 임명을 받는 문무관리도 덴노와 덴노의 정부에 대해서만 충성할 의무가 있었다. 군대의 통수에 대한 문민정부와 의회의 관여는 인정되지 않았고, 덴노의 통수권을 '보필'하는 참모본부 등의 군령기관은 덴노에게 직속되어 정부로부터는 독립해 있었다. 제국의회는 정부가 제출한 국가예산안과 정부 및 의원이 제출한 법률안을 심의·확정시키는 기관일 뿐 군대의 통수는 물론이고 대신 및 문부관리의 임명, 외국과의 조약 체결, 선전포고, 강화조약의 체결 등에 대해서는 아무런 관여도 할 수 없었다.

문제는 절대적인 주권이 덴노에게 있다고 규정하면서도, 통치 실패의 책임은 덴노의 통치행위를 '보필' 혹은 '협찬'하는 자가 잘못되었기 때문이라고 하며 아랫사람(신하)들에게 책임을 전가하는 데 있었다. 1930년대에는 군국주의 일본의 군 수뇌부가 아랫사람을 설득하려고 노력하지 않고, 상부가 내린 명령의 취지만으로는 아랫사람들을 납득시킬 수 없다는 이유를 내세우며, 정부에 대한 자신들의 요구를 끝까지 밀고 나갔다. 도쿄재판에서 피고들이 "내게는 전쟁을 일으킨 책임이 없다. 아랫사람들이 제멋대로 행동하였기 때문에 나에게는 책임이 없다."라고 주장한 뿌리가 여기에 있다고 할 수 있다.

왜 이렇게까지 덴노의 절대화와 신격화神格化를 꾀하지 않으면 안 되었을까? 그것은 간신히 형성된 군대국가로서의 일본을 영속시키기 위해서는 법제도의 정비뿐 아니라 모든 국민이 공유하고 국민을 국가에 연결시키는 중심을 확립하는 것이 필요했는데, 그 역할을 덴노에게 기대했기 때문이라고 할 수 있다. 그러나 군주가 언제나 영명英明한 것은 아니었다. 덴노를 국가의 중심으로 확립하는 것만이 큰 과제였던 당시 그 해결책의 하나로 덴노의 자질과는 관계없이 덴노를 절대화하는 작업이 필요했다. '덴노는 신성하고 불가침한 존재'라 규정한 메이지헌법이 어떤 의미에서는 종교적인 성격까지 가지게 된 배경에는, 헌법의 초안 작성자인 이토 히로부미가 '구라파의 헌법정치의 기초에는 종교가 있었다'는 인식을 가지고 있었기 때문이었다. 일본에는 헌법정치의 정신적인 기축으로서 이용가능한 종교가 없기 때문에, 구라파의 기독교 대신 황실을 대치시키고 덴노의 군권君權을 기축으로 하여 헌법의 초안을 만들었다고 이토 스스로가 추밀원의 제국헌법초안 심의에서 말한 바 있다.[30] 헌법의 초안 작성자들은 프로이센의 비스마르크의 영향을 받고 '인민의 간섭과 여론의 침입을 방지하기 위해서 모든 예방수단'을 짜냈다.[31]

메이지헌법에서는 국가권력을 구성하는 입법·행정·사법·군의 각 기관들이 상호간에 '견제와 균형'의 관계를 갖지 않고 통치권의 총괄자인 덴노가 각 기관들을 통합하는 것으로 규정하고 있었지만, 그 덴노에게는 책임을 묻지 않는 불답책不答責 또한 규정되어 있었다. 그러나 통일된 국가의지를 형성하기 위해서는 덴노를 대신하여 각 기관들 간의 조정을 꾀하는 매개자가 필요했으므로, 번벌藩閥(사쓰마·조슈 등 유력 번의 세력들이 형성한 인맥으로 메이지 정부에서 권력을 독점)이나 원로라는 비제도적인 인맥집단이 그 역할을 한 것이다. 때문에 일본의 근대국가는 성립 당초부터 통합의 원리를 가지고 있지 않았고, 그것을 행사하는 기관이나 조직이 없는 상태로 존재하다가 결국, 비제도적인 '파벌' 특히 번벌과 원로들을 매개로 하여 성립되었다. 메이지유신의 원훈들은 정치적인 책임이 덴노와 그들 자신에게 돌아오는 것을 피하기 위해서 덴노를 방패로 삼고 권력을 장악하고 있었던 것이다. 그 결과 중대한 국가의지의 결정은 의회 외에서 법적으로, 혹은 초(超)법적인 정치세력들의 타협과 술책을 통해서 이루어졌다.

메이지헌법에는 '국무대신은 덴노를 보필하고 그 책임을 덴노에게 묻는다'(55조)고 되어 있다. 내각관제(칙령)는 내각총리대신을 '동배중同輩中(내각구성원인 국무대신들)의 수석首席'의 지위에 남겼다. 즉, 각 국무대신은 개별적으로 덴노의 보필에 책임을 지되, 내각으로서의 연대책임은 부정하고 있는 것이다. 또한 '육해군대신은 현역 무관이어야 한다'는 현역무관제를 채택했다. 이러한 규정들은 내각총리대신이 내각을 통제하지 못하고 군에 대한 '문민통제' 역시 불가능하게 했기 때문에 군부독재를 허락하는 결과를 초래했다.

육해군대신은 다른 국무대신들과 달리 덴노를 직접 배알하여 의견을 올릴 수 있는 권한을 가졌고, 그들은 덴노의 이름을 이용하여 그들의 방책을 강요할 수 있었다. 또한 그들은 문관각료에게 보고하거나 협의하기 위해 수고할 필요도 없었다. 군부는 고위직 현역장군이 입각하는 것을 거부함으로써 내각도 마음대로 좌지우지할 수 있었고 내각에 있는 그들의 대표들을 철수시킴으로써 내각을 총사직시키는 것도 가능했다. 왜냐하면 육해군대신에는 현역 고위 장군(대장 및 중장)만이 취임할 수 있다는 규정이 현역무관제에 있었기 때문이다.

1930년대에 들어서 쿠데타와 현역무관제를 핑계 삼아 군이 대두하여 정부의 위력을 약화시키고, 군부가 실권을 장악했다. 이 상태는 하나의 이중정부 상태, 다시 말해 군부가 제1정부가 되고 정부는 제2정부의 입장이 된 것을 의미했다. 즉, 메이지유신을 통해서 일원화된 통치체제가 쇼와 시대에 와서 다시 이중통치체제로 퇴보되었다고 할 수 있는 것이다.

의식적인 독재에는 반드시 책임의 자각이 따르지만, 이런 자각은 군부에도 관료에도 찾아 볼 수 없었다. 어째서 일본의 군부나 관료는 주체의식이 부족한 것인가? 그것은 모든 국가기관은 덴노의 기관이고, 모든 관리의 권한에는 덴노로부터 부여받은 신성성이 있었기 때문이다. 또한 각 개인의 가치는 그 능력이나 신념에 의해서 판단되는 것이 아니라 궁극적 가치인 덴노와의 근접도에 의해 가치가 매겨진다. 즉, 보다 우월적인 지위에 있는 자, 절대적인 가치관(덴노)에 보다 가까운 자의 존재가 관료나 군인의 행동을 제약했던 것이다. 여기에서의 법은 국가를 다스리는 자와 일반국민 모두에게 적용되는 규범이 아니라, 오히려 덴노를 장(長)으로 하는 위계질서에 있어서의 구체적인 지배 수단에 지나지 않았다. 그래서 '존법(尊法)'이라는 것은 오로지 아랫사람에만 요구되는 것이다(합법성

의식의 결여). 관료는 덴노에 의해서 임명되고 덴노에 대해서만 책임을 지는 '덴노의 관리'이고, 최고가치인 덴노에 가깝기 때문에 귀중하다는 '관존민비官尊民卑' 사상이 발생한 배경도 여기에 있다. 그렇기 때문에 군인이나 관료 모두 '국가권력과의 일체화'를 통해서만 자기의 권력을 정당화할 수 있는 것이다. 이것은 도조 히데키(東条 英機) 수상(1884~1948, 재직 1941.10.~1944.7.)의 다음과 같은 발언에 잘 나타나고 있다.

나 개인으로서는 일반국민과 다를 바가 없지만 총리대신이라는 직책을 수여받고 폐하의 위광을 받음으로써 비로소 빛난다. 폐하의 신임이 있고 이 위치(총리대신)에 있기 때문에 빛나고 있는 것이다.32)

도쿄재판의 피고들의 증언을 검토해 보면 지도자로서의 지도력의 결여가 두드러지지만, 그것은 각 지도자가 지도의 근거를 자기의 신념이나 지도력에 두지 않고 덴노의 권위에 의존함으로써 덴노를 방패로 삼고 있었기 때문에 초래된 당연한 결과라 할 수 있다. 마루야마는 이와 같은 일본의 '무책임체제'는 메이지 번벌 정부가 모든 수단을 동원하여 자유민권운동을 억압하고, 프러시아헌법을 모방하여 메이지헌법을 만들어 냈을 때 이미 오늘날의 파탄의 소인으로 구축되고 있었다고 결론짓는다.33)

이상과 같이, 밑으로부터의 민주화 운동이었던 '자유민권운동'을 메이지 정부가 모든 수단을 동원하여 억압했다는 것은 메이지유신이 밑으로부터의 체제변혁인 혁명을 부정하고 위에서의 개혁을 지향한 결과라고 볼 수 있다. 즉, 일본의 근대화는 봉건적 사회기반을 변혁하고 근대적 정치형태를 구축하는 혁명형의 근대화가 아니라, 오히려 봉건적 사회기반 위에 근대적 정치형태를 점진적으로 구축하는 개혁형의 근대화라는 특징을 갖고 있다는 것이다. 메이지체제 초기에는 아직 봉건영주의 권력기반이 잔존하고 있었다. 비록 1869년의 판적봉환을 계기로 번의 지배권은 대폭 약화되었지만 아직도 봉건적인 신분계급이 그대로 유지되었다.

현대 일본정치의 무책임체제

일본은 1945년 8월 14일, 포츠담선언[34]을 수락하고 무조건 항복하여 패전국이 되었다. 메이지헌법 체제하에서의 국가주의와 군국주의 정치체제는 붕괴되고, 일본은 포츠담선언을 이행하기 위해 새로운 헌법에 입각한 정치체제를 확립하기 위해 노력하였다.

일본의 전후는 1946년 1월 1일의 쇼와 덴노의 '인간 선언'으로 시작했다. 그것은 본래 인간인 덴노가 자신이 아라히토가미(살아 있는 신)가 아닌 인간이라고 일본국민에게 선언한, 세계에서도 유례가 없는 사건이었다. 즉, 아라히토가미로서 덴노가 가졌던 신격을 덴노 스스로 부정한 것이다. 그것은 전쟁 전의 일본사회에서 아라히토가미로서의 덴노관이 얼마나 강고하게 일반 국민사이에 뿌리를 내리고 있었는지를 다시 한번 인식시키는 사건이었다고 말할 수 있다.

1946(쇼와 21)년 11월 3일, 메이지헌법을 대신하여 새롭게 공포된 일본국헌법은 다음 해인 1947년 5월 3일부터 시행되었다. 신헌법은 메이지헌법과 달리 국민주권주의·평화주의(전쟁의 포기)·기본적 인권의 존중이라는 3원칙을 내용으로 하는 획기적인 것이었다. 신헌법은 '주권자인 국민은 선거권·피선거권을 가지고, 국민의 대표기관인 국회가 국권의 최고기관이자 유일한 입법기관'이라고 정하였다.

또한 메이지헌법에서 주권자로 규정했던 덴노의 지위가 신헌법에서는 '일본국의 상징이자 일본국민 통합의 상징'으로 바뀌었다(1조, 상징덴노제). 더불어 덴노는 국정에 관한 권리를 갖지 않고, 내각의 조언과 승인하에 헌법이 정하고 있는 내각총리대신과 최고재판소 장관의 임명 및 7조에서 규정하고 있는 행위 등 '국사행위'만을 할 수 있게 되었다(3조, 4조 1항).

내각은 수장인 내각총리대신 및 기타 국무대신으로 구성되었고, 내각총리대신 및 기타 국무대신은 문민(文民, 직업군인이 아닌 자 혹은 과거에 직업군인이 아니었던 자)이어야 한다는 문민우월의 내용도 신헌법에서 정해졌다. 또 행정권의 행사에 대해서는 내각이 연대하여 국회에 대한 책임을 지고(연대책임제, 66조), 내각총리대신은 국회의원 중에서 국회의 의결로 지명됨을 규정하였다(67조). 내각총리대신의 임명은 국회의 지명에 입각하여 덴노가 임명하게 되었고(6조), 내각총리대신은 내각의 수장이자 행정권의 최고책임자로서 국무대신의 임명권·파면권을 가지고 있으며(68조), 행정 각부에 대해서 지휘감독을 하게 되었다(72조).

헌법에 의하면 행정권은 내각에 부여되어 있다. 여당의 총재이기도 한 일본의 내각총리대신은 힘이 약한 국회 위에 군림하고 있기 때문에 이론적으로는 미국의 대통령과 영국의 수상의 권한을 합친 정도의 막강한 권력을 행사할 수 있는 입장이다. 그러나 실제로 일본의 수상(내각총리대신)은 외국정부에서 보면 당연히 수상의 권한에 포함되어 있을 것이라 생각되는 권력을 행사하지 못한다. 운영 면에서 많은 제약(내각 회의에서의 전원일치라는 의결방식과 파벌균형의 각료인사)이 있기 때문에 그 권한을 충분히 발휘하지 못하는 것이다. 일본의 수상이 직접 행사할 수 있는 구체적인 권력행사는 중의원의 해산권뿐이다. 만약 그 이상으로 강한 권력을 바란다면 여당 내의 라이벌들과 야당과의 공동공세를 맞아 확실하게 타도될 것이다.

또한 일본의 각료들은 공식적으로는 담당 성청省處(각 정부부처)의 운영에 관여하고 감독·책임질 권한과 의무가 있으나, 영향력을 거의 행사하지 못하고 있다. 거의 매년 내각이 개정되므로 대신은 고급관료보다 상세한 정보를 흡수할 시간적인 여유가 없고, 그렇기에 중대한 결정을 내리는 대신이 거의 없는 것이다. 대신이 어디까지나 '정식적인 규정대로' 권력을 행사하고자 한다면 관료들의 거센 반항에 부딪히게 될 것은 분명하다. 소수의 예외를 제외하면, 내각회의는 거의 10분이나 15분 내에 끝나는 의식적인 것에 지나지 않았다. 그 전날에 차관(각 성청의 최고위관료) 회의에서 결정한 법안 등을 정식으로 인정하는 것이 그날 내각회의의 유일한 목적인 경우가 많으므로, 관료가 아직 모르는 새로운 사항이 내각회의에서 심의되는 경우는 거의 없었다. 이러한 구조가 현대 일본의 무책임체제의 한 원인이 되고 있다.

힘 있는 정치가라면 성청의 고급관료의 인사에 영향을 미치거나, 각 성에 대응하는 자민당 내 정책그룹에서의 지위를 상승시킴으로써 정책결정 과정에 영향력을 행사할 수 있다. 관청의 수직적 조직은 통산족, 농림수산족 등 족族의원(자민당 내 위원회에서 정부 각 성청의 정책에 영향력을 행사하는 의원)들을 포괄하고 있기 때문에 정치와 행정이 일치되어 있고, 각 관청을 통합해야 하는 내각은 독자적인 내각관료가 아닌, 각 관청에서 파견된 관료로 구성되어 있다. 이러한 구성의 조직에서는 전체를 통합하여 정치를 운영할 수 없기 때문에 '사전교섭'에 따른 수평적인 조직이 그물코처럼 수직적인 조직 속에 뻗어 있다. 이런 사전 교섭형 조직을 통괄하고 있는 것이 '파벌'이다. 이 파벌은 족의원들을 포괄하고 있고 각 관청에도 사전 교섭의 핵심 인맥을 가지고 행정을 통합하고 있기 때문에 권력을 가질 수 있다. 즉, 국회의원의 당선과 낙선, 대신이나 정무차관의 임명 등에 영향력을 행사할 수 있는 힘을 가지고 있는 것이다. 따라서 각 파벌에서 파견된 각료는 법적으로는 총리대신의 통합하에 있지만 실제로는 파벌의 대리인이기 때문에 내각의 통합력이 약화될 수밖에 없는 것이 현실이다. 이와 같이 일본에서는 수직적인 조직을 수평적으로 통괄하는 기능을 담당하는 '통합자'가 없다. 그러므로 문제에 따라 각각 교섭할 상대가 다르고 누가 실제적인 결정권을 가지고 있는지를 알 수 없는 것이다.[35]

이러한 구조 때문에 일본 수상은 자신의 뜻대로 지도력 행사를 못하고 있다. 구체적 예로 다음 세 가지를 들 수 있다.

첫째, 일본 수상이 정상 회의에 출석하여 약속한 것이라 하더라도, 그것을 이행할 수 없는 경우가 많은 것을 들 수 있다. 그 이유는 수상은 자민당 내의 파벌을 형성하고 있는 우두머리들의 지지가 없으면 정권을 유지할 수 없고, 관료들을 움직이려고 해도 각 관청들은 각각 유력한 족의원과 결탁하고 있어 수상 마음대로 움직일 수 없기 때문이다.

둘째, 1978년 8월에 이루어진 일·중의 '반패권反覇權 조약'의 조인 과정을 들 수 있다. 당초 후쿠다 다케오(福田 赳夫) 수상(재직 1976.12.~1978.12.)은 사실상의 반소反蘇조약인 이 조약을 조인할 생각이 없었으나, 자민당 내의 분쟁을 교묘하게 이용한 중국의 외교전략 때문에 조인할 수밖에 없었다.[36]

셋째, 1984년 봄에 있었던 소고기·오렌지의 수입을 둘러싼 일본과 미국 사이의 무역마찰을 들 수 있다. 일본의 소고기와 오렌지 수입량 증가 결정에 대해 농림수산성이 강하게 반대했기 때문에 일미관계는 껄끄러워졌다. 교섭의 교착상태를 타개하기 위해 나카소네 야스히로(中曾根 康弘) 수상(재직 1982. 11.~1987.11.)은 야마무라(山村) 농림수산대신을 워싱턴으로 파견했다. 야마무라 대신은 처음에 워싱턴에 가는 것을 싫어했다. 미국과 타협하는 것은 농림수산성 내에서 자신이 가지는 정치력의 저하로 연결될 뿐만 아니라, 그 산하에 있는 농협에는 배신행위로 비쳐질 수 있기 때문이다. 자신의 의지와 상관없이 워싱턴에 파견된 그는 나카소네 수상이 직접 내린 지시를 무시했고, 결국 나카소네 수상은 야마무라 대신에게 "회담을 중단하지만 말아달라."고 당부했다. 나카소네 수상은 "일본의 국제관계는 실질적인 성의를 보여줘야 할 때까지 왔다."고 하였고, 내각회의에서도 "실효조치를 피하기만 하는 것은 일본의 운명에 나쁜 영향을 미칠 뿐"이라며 계속하여 주장하고 있었다.[37] 야마무라 대신의 행위는, 내각의 일원인 각료가 내각의 수장인 수상의 의도와 국익에 반하여, 농림수산성이라는 한 국가기관의 이익만을 우선시한 것이라는 비판을 피할 수 없다. 일본 수상으로서는 드물게 풍부한 국제감각을 가졌던 나카소네 수상은 강력한 리더십을 발휘하려고 하였으나, 그럴 때마다 자민당 내뿐 아니라 매스컴으로부터도 근거 없는 많은 비판을 받았다. 때문에 일본수상으로서는 비교적 긴 5년이라는 임기에도 불구하고 재임 중 계획했던 많은 정책을 자기 뜻대로 실행할 수 없었다.

　이상과 같은 이유로 일본은 국제사회의 일원이면서도 그에 걸맞은 책임을 다하지 못한다는 비판을 받게 되는 것이다. 카

렐 반 볼페른에 의하면 국가의 기본적 속성인 주권은 대외관계, 즉 외교에서 약속을 지키는 것이다. 또한 주권의 실현을 위해서는 자국민에게 복종을 강요할 수 있는 힘과 대외관계에서 독립을 유지할 수 있는 힘의 두 가지가 필요하지만, 일본의 경우는 그 두 가지 모두에 문제가 있다고 그는 말한다. 즉, 일본에는 서로 대항하는 구성원에 대해서 복종을 강요할 만한 명확한 지배권을 가진 중심기관이 없기 때문에 일본은 정부가 한 약속을 지킬 수 없다는 것이다.

일본정부는 국내 정치세력 간의 균형유지를 위해서 외국으로부터의 요망과 요구를 받아들일 여지가 없다. 결국 참지 못한 외국정부가 무역제한 등의 강경수단을 취할 것이라고 협박해야 처음으로 무거운 엉덩이를 움직이지만, 이미 시기를 놓쳐버린 경우가 많다. 이와 같이 일본의 정치권력은 확실한 핵심이 존재하지 않는 심각한 분산형태를 띠고 있는데, 이는 정상적인 국가라 말할 수 없다.

위에서 본 바와 같이 일본의 수상과 각료는 국가의 정식적인 책임자이면서도 실제로는 헌법에 규정된 권력을 행사하지 못하고 있다. 주권국가라는 것은 '국책으로서 무엇이 최선인가에 대해서 판단을 할 수 있고, 그 결정한 국책에 대한 책임을 궁극적으로 질 수 있는 국정을 가진 국가'이다. 이런 본래적인 의미로 보면 일본은 주권국가가 아니라고 말할 수 있다.

일본 정치문화의 주변성을 극복해야 한다

　일본에서 덴노는 전통적으로 정통성의 근거였지만 덴노가 실질적으로 지배한 기간은 길지 않았다. 가마쿠라 막부(1192~1333), 무로마치 막부(1336~1573), 에도 막부(1603~1867)는 덴노에 의해 권위를 부여받은 무사정권이었다. 이와 같이 덴노는 권력자에게 위계와 관직을 수여하는 정치적 권위로서 존재 의의가 컸다. 에도 막부로부터 메이지정부로, 1920년대 정당 정치체제로, 그리고 1930년대 군부 주도 정권으로 권력이 이행되었지만, 그것들은 모두 덴노를 통해서 정당화되었다. 덴노는 그 스스로 적극적인 지배 의도를 갖지 않은 한 인민과 정당 및 의회의 권위와 경합하지 않았고, 오히려 그들의 권위를 강화시켜 주었다고 할 수 있다.

전후의 민주화에 따라 덴노가 단순한 상징이 되었음에도 불구하고 책임의 소재가 불확실한 체제에는 변화가 없었다. 현대 일본정치에서는 덴노가 아닌, 자민당의 '파벌'과 관료조직이 정부의 결정권을 약화시키고 있다. 전쟁 전이든 후든 매개자가 없으면 기능하지 않았던 일본 정치의 체질은 변하지 않은 것이다. 이것은 일본의 정치문화가 통치자의 덕인 '인仁'은 경시하면서 아랫사람에게는 '충忠'을 강요해 왔기 때문이라 할 수 있다. 일본은 중국으로부터 유교를 배웠지만 유교의 중심 개념인 통치자의 '인'은 배우지 않았기 때문에, 오랜 기간을 통해서 통치자의 책임을 묻지 않는 체질이 일본정치문화에 자리 잡은 것이다. 일본의 통치자들은 역사적으로 우민화愚民化 정책을 통해서 일본 국민이 정치에 관여하는 것을 터부시하는 경향이 있었고, 국민들도 권력에 대해서 반항하는 것을 피하려 했기 때문에 정부의 무책임체제를 묵인해 온 것이라 추측된다.

메이지유신 및 메이지헌법 체제는 덴노 정부와 막부라는 이중정부에 의한 권위와 권력의 이원적 지배구조가 아닌, 덴노 정부에 의한 권위와 권력의 일원화를 목표로 강력한 독재권력을 가지는 덴노 주권의 확립에 성공했다. 그러나 메이지헌법 체제는 사법, 행정 및 군대가 자기 직책에 대한 책임을 직접 주권자인 덴노에 대해서만 지면 되는 체제이기 때문에, 덴노 이외에는 각 국가기관, 특히 군대를 통제하기 힘든 체제였다. 이 체제에서는 주권자로서의 덴노가 절대군주적인 강력한 지도력을 발휘하며 그 책임을 수행했어야 했다. 그러나 덴노는 '적극적으로 정치에 관여하지 말아야 한다'는 전통적인 정치문화로부터 벗어나지 못했기 때문에 적극적으로 절대적 권력을 행사하지 못했다. 그 결과 책임의 소재가 애매해지고 여러 국가기관 간의 이해관계도 조정되지 않았다. 각 기관이 서로 독자적으로 행동해 통제가 불가능해졌고, 결국 무정부상태에 빠지면서 국가와 국민을 파멸로 이끄는 결과를 초래했다. 통수권의 독립을 주장하는 군대의 행동을 통제할 수 있는 자는 덴노밖에 없었으나 덴노는 그의 절대 권력을 행사하지 않았던 것이다. 이것이 메이지헌법체제의 무책임 체질의 요인이다.

이상과 같이 권위와 권력의 이원적 지배 구조는 일본 정치문화의 '주변성' 혹은 '후진성'이라고 말할 수 있다. 그러나 책임에 대한 의지의 부재와 책임의 소재가 애매한 상태에서 권위와 권력의 이원적 지배 구조를 무리하게 일원화한 것이 오히려 무책임한 독재를 초래했다는 것을 메이지헌법하의 무책임체제가 보여주고 있다.

앞서 살펴본 바와 같이 현대 일본정치에서도 '무책임체제'는 드러나고 있다. 내각은 합의제의 기관이기 때문에, 그 직권의 행사는 내각회의에 의해 시행된다. 각의는 내각총리대신이 주재하고, 관행으로 전원일치에 따라 의사결정이 이루어진다. 수상은 막강한 권력을 갖고 있지만 자민당 내 형성된 파벌의 보스들의 지지가 없으면 정권을 유지할 수 없고, 관료들을 움직이려고 해도 각 관청들은 각각 유력한 족의원들과 결탁하고 있어, 수상의 마음대로 움직일 수 없다.

권위와 권력의 이중적 지배구조는 이처럼 여러 세력 간의 균형을 유지하고 갈등을 축소하기 때문에 국내정치의 안정을 위해서는 탁월한 제도라 할 수 있다. 그러나 이런 제도는 일본이 중국을 중심으로 한 동아시아 중화질서체계의 주변에 위치했던 시기 혹은 근대 이전에 쇄국으로 일본만의 생존을 생각했던 시기에는 적절했을지 모르지만, 현대와 같은 세계화 시대에는 맞지 않는 제도라고 필자는 생각한다. 일본 정치문화의 무책임체제의 극복이 시급하며, 이것 없이 일본의 참된 민주화와 정치발전은 불가능할 것이다.

주

1) Samuel P. Hungtington, *Political Order in Societies*, Yale University Press, 1968. サミュエル. ハンチントン 著, 『變革期社會の政治秩序上』, 東京:サイマル出版會, 1972, p.19.
2) Moore, Jr., *Social Origins of Dictatorship and Democracy: Lord and Peasant in the Making of the Modern World*. ハリントン ムーア Jr. 著, 『獨裁と民主政治の起源Ⅱ』, 岩波書店, 1987, p.158.
3) Karel van Wolforen, *The Enigma of Japanese Power,* Hayakawa Publishing, Inc. 1990. 篠原勝 訳, 『日本/ 権力構造の謎 上』 (東京: 早川書房, 1990), pp.36-37.
4) 에도 시대의 메이쇼((明正), 재위 1629~1643)·고사카라마치((後桜町), 재위 1762~1770) 등 두 명의 덴노를 제외한 모든 여제(女帝)는 고대에만 존재했다. 스이코(推古)·고교쿠(皇極)·지토(持統)·겐메이(元明)·겐쇼우(元正)·고켄(孝謙) 등 6명의 덴노(고교쿠와 고켄은 2번 황위에 올랐다)는 ①덴노 및 그것에 가까운 황족의 공주이고 ②황태후이고 ③천황의 사후 당연히 황자가 즉위해야 하나, 어떤 정치적 사건에 의해 그것이 방해되었기 때문에 일시적인 조치로서 즉위했다는 거의 공통된 특징을 가지고 있다.
5) 신기관은 국가의 제사를 담당하고, 각 국의 신사를 관리했다. 신기관과 태정관을 분리한 것은 일본 본래의 신사神事 존중의 정신에 의한 것이고, 이것은 당나라의 관제와 다른 점임과 동시에 일본의 독창성을 나타내고 있다. 그 장관을 신기학(神祇泊)이라고 부르지만, 그 관위는 팔성八省의 장관보다 낮았다. 태정관의 정무는 태정대신·좌대신·우대신·대납언大納言이 총괄했다. 태정대신은 국정의 최고책임자였으나 적임자가 없는 경우에는 임명하지 않았다.
6) 사네토모(實朝) 쇼군 사후의 막부(싯켄)는 요리토모(賴朝)의 먼 친척인 셋칸가 출신의 어린 후지와라노 요리쓰네(藤原 賴經)를 쇼군으로 맞이했다. 이후 2대 계속되는 셋칸가 출신의 쇼군을 후지와라 쇼군 또는 셋카(攝家) 쇼군이라 부른다. 후지와라 쇼군인 요리쓰구(賴嗣) 대신 고사가(後嵯峨) 덴노의

황자인 무네타카(宗尊) 신왕親王을 쇼군으로 옹립했다(황족 쇼군의 시작). 황족 쇼군은 그 이후 4대 동안 이어졌지만, 모두 실권은 없고 명목상의 쇼군에 지나지 않았다.

7) 가마쿠라 시대 중기 이후, 황실은 고후카쿠사(後深草) 상황(인세이 1287~1298)의 혈통을 계승한 지묘인토우(持明院統)와 가메야마(亀山) 덴노(재위 1259~1274)의 혈통을 계승한 다이가쿠지토우(大覚寺統)로 분립되었다. 이들은 황위 계승과 인세이 실시권 및 황실 소유 장원의 상속 등을 둘러싸고 싸우는 과정에서, 양자 모두 가마쿠라 막부에 도움을 요청하여 자신들에게 유리한 지위를 얻으려고 했다. 때문에 막부는 양쪽이 교대로 황위에 올라가는 방식(両統迭立)을 해결책으로 하여, 사실상 덴노 정부의 정치를 좌우했다.

8) 菅孝行,「中世の天皇 -近代における天皇の文化的淵原」(古橋信孝 編, 『天皇制の原像』<現代のエスプリ別冊>(至文堂, 1986), pp.291-305), pp.292-293.

9) 오봉행五奉行은 아사노 나가마사(淺野 長政)·마시타 나가모리(增田 長盛)·이사다 미쓰나리(石田 三成)·마에다 겐이(前田 玄以)·나쓰카 마사이에(長束 正家)를, 타이로大老는 토쿠가와 이에야스(德川 家康)·마에다 토시이에(前田 利家)·모우리 테루모토(毛利 輝元)·고바야가와 타카카게(小早川 隆景)·우키타 히데이에(宇喜田 秀家)·우에쓰기 가케카쓰(上杉景勝)이고, 고바야가와 타카카게 사후 오타이로五大老라 했다.

10) 쇼군과 주종관계를 맺은 1만 석石 이상의 무사를 다이묘(大名)라 하고, 다이묘는 쇼군과의 관계에 따라 신판(親藩)·후다이(譜代)·도사마(外樣) 다이묘로 분류된다. 신판은 고산케(御三家, 오와리(尾張)·기이(紀井)·미토(三戸)의 세 개 번) 등 쿠카와 가문의 다이묘를, 후다이는 처음부터 도쿠가와(德川) 가문의 측근이었던 다이묘를, 도사마(外樣)는 도요토미(豊臣) 가문에게 복종하다가 세키가하라(關ケ原)의 전투(1600) 후에 도쿠가와(德川) 가문을 따른 다이묘를 말한다. 신판·후다이 다이묘는 요직에, 유력한 도사마 다이묘는 원격지에 배치되었다.

11) 일반적으로 에도에서 1년·자기 영토에서 1년이었지만, 관동의 다이묘들은 반년마다 교대했다. 삼근교대參勤交代에 따라 교통이 발달하여 에도(江戸)는 대도시로 발전했지만, 다이묘

들에게는 에도에 저택을 구축하여 처자를 거기에 두고, 많은 가신을 동반하여 자신의 영토와 에도를 왕래하는 것은 많은 경비를 필요로 했다.
12) 귀족들로부터 2명이 선출되는 부케덴소우(武家傳奏)는 막부로부터 봉급을 받았다. 그들은 덴노 정부와 막부를 연결하는 창구가 되어 덴노 정부에 막부의 지시를 전달하는 역할을 하였다.
13) 자의(보랏빛의 승복僧服. 옛날 칙허勅許에 의해서 고승高僧이 입었음)의 사찰의 주지에 관한 허가 규정은 긴주나라비니쿠게쇼핫토(禁中並公家諸法度)의 16조에 정해져 있었지만, 이것이 잘 준수되지 않았기 때문에 1627년 막부는 사전 허가 없이 자의를 칙허한 것을 문제로 삼았다. 그것에 대해 항의한 다이토쿠지(大德寺)의 다쿠안(澤庵) 등을 막부가 처벌한 사건을 말한다. 이 사건은 막부의 법도가 덴노의 칙허에 우선할 것을 명시한 것이었다고 말할 수 있다.
14) 坂本多賀雄 著, 『象徵天皇制度と日本の來歷』, 都市出版, 1995.10, p.10.
15) 石井良介 著, 『天皇』, 山川出版社, 1982, p.248.
16) Ruth Benedict, *The Chrysanthemum and The Sword*, 1967 by Houghton Miffin Co., Boston, 長谷川松治 訳, 『菊と刀』, 社会思想社, 1972, p.93.
17) 모리시마 미치오(森嶋 通夫)는 저서인 『なぜ日本は「成功」したのか?』(東京: TBS ブリタニカ, 1984)에서 명치유신을 '청사진이 없는 혁명'이라고 언급했다.
18) 다나카 아키라(田中 彰)가 말하는 것과 같이, '玉'에는 '교쿠'로서의 절대성과, '다마'로서의 정치적 책략성이 내재되고 있다 할 수 있다(田中彰, 『近代天皇制への道程』, 吉川弘文館, 1979, p.245.).
19) 鈴木正幸 著, 『近代の天皇』岩波ブックレット・シリーズ <日本近代史>13, 岩波書店, 1992, pp.164-165.
20) 정일위(정일품) 이나리다이묘진(稲荷大明神)은 농경사회에서 풍요를 가져온다는 이나리신을 주신으로 모시고, 덴노로부터 신사등급 중 최고인 정일위(정일품)를 받은 신사로, 교토를 중심으로 전국 각지에 소재한다.

21) 井上淸 著, 『日本の歷史 中』<岩波新書>, 岩波書店, 1965, p.135, pp.209-223.
22) 『菊と刀』(국화와 칼), pp.40-42.
23) 제국의회는 대등한 권한을 가진 귀족원과 중의원으로 구성되고, 중의원의 입법권 행사는 화족과 칙임의원 등으로 구성된 귀족원의 존재 때문에 실질적으로 제한되고 있었다. 또 헌법의 공포와 동시에 황실 전범이 제정되고, 황위계승, 천황의 즉위식, 황족의 계승, 섭정의 제도 등이 규정되었다. 귀족원은 황족과 세습 혹은 호선에 의해 선출된 화족(공公·후候·백伯·자子·남男작의 작위를 가진 자로, 주로 공경·구 다이묘·메이지유신의 원훈들을 가리킨다)의 의원과 천황이 임명하는 칙선의원 및 각 부현 1 명의 다액납세자의원 등으로 구성되고, 감세안과 보통선거법안 등 중의원을 통과한 법률안을 자주 부결했다.
24) 阿部齊他著『日本の政治』, 日本放送出版協会, 1986, p.16.
25) 1893(메이지 26)년의 문관임용령에서는 임용자격규정이 없었던 각성(省) 차관 등의 고급관리에도 자격규정을 만들어, 전문관료로서의 지식·경험이 없는 자가 정당 등의 힘으로 고급관리가 될 수 없게 했다. 동시에 문관징계령과 문관분한령을 제정하여, 국무대신 이외의 행정관의 신분보장을 강화하여, 정당 정파의 영향으로부터 관리를 지키려고 했다.
26) 1932년 5월 15일, 해군 청년장교 등이 수상관저를 습격하여 이누카이 쓰요시(犬養 毅) 수상을 암살한 사건을 말한다. 이것은 1936년 2월 26일 육군의 청년장교 등이 수상관저와 경시청 등을 습격하여, 다카하시 고레키요(高橋 是淸) 장상 등을 암살한 2·26사건과 더불어, 군부독재정치의 계기가 되었다.
27) 치안유지법은 노동운동·공산주의·무정부주의 등 천황제에 부정적인 운동과 사상을 단속하기 위해서 제정되었다. 그러나 실제로는 반정부적·반국책적인 사상의 소유자, 언론·출판의 자유 등을 탄압하기 위해서 남용되었다. 1945(쇼와 20)년 점령군의 각서에 따라 폐지될 때까지 존속했다.
28) 헌법상에서는 병력량의 결정은 헌법 12조의 편성대권의 문제이고, 내각의 보필사항이고, 11조의 통수대권과는 다른 문제였지만, 군령부 조례에서는 병력량의 결정에도 군령부의

동의가 필요하다고 되어있었기 때문에 해석상의 혼란이 생겼다. 또 조약의 비준에는 추밀원의 승인이 필요하였지만, 그 추밀원에서도 비준반대론이 강했기 때문에, 정부는 해군군령부와 추밀원의 두 개의 국가기구와의 대결을 해야 했다.
29) 하시모토 긴고로(橋本 欣五郎, 1890~1957)를 지도자로 한 육군청년장교의 비밀결사인 사쿠라카이(桜会)와 오오카와 슈메이(大川 周明, 1886~1957) 등에 의해 인솔된 민간우익이 제휴하여, 정당내각을 타도하고 군정부를 수립하려고 한 쿠데타 미수사건을 말한다.
30) 丸山眞男 著,『日本の思想』<岩波新書>, 東京: 岩波書店, 1961, pp.29-30.
31) E. Herbert Norman, *Japan's Emergence as a modeern state*, 注45.
32) 丸山眞男 著,『増補版 現代政治の思想と行動』, pp.20-24.
33) 丸山眞男 著,『増補版 現代政治の思想と行動』, pp.102-127.
34) 1945년 7월 26일, 미국·영국·중국이 일본에게 무조건항복을 요구한 공동선언으로, 일본의 항복 후 연합군에 의한 일본점령지배의 최고규범이 되었다. 포츠담선언의 주요내용으로서 다음 다섯 항목을 들 수 있다. ①국민을 속이고, 전쟁을 수행했던 권력 및 세력은 영구적으로 제거되어야 한다는 점, ②일본의 평화와 정의의 신질서가 확립될 때까지 연합국군대는 일본을 점령한다는 점, ③일본군국대는 완전히 무장해제된다는 점, ④일본국민 사이의 민주주의적 경향의 강화 및 기본적 인권의 존중이 확립되어야 한다는 점, ⑤평화적이고 책임 있는 정부가 수립되어야 한다는 점 등이다.
35) 山本七平 著,『派閥の研究』, 文春文庫, 1989, pp.34-35, 113-114.
36) Karel van Wolforen, *The Enigma of Japanese Power*, Hayakawa Publishing, Inc. 1990. 篠原勝 訳,『日本/ 権力構造の謎 下』, 東京: 早川書房, 1990, pp.291-293.
37) Karel van Wolforen, 篠原勝 訳,『日本/ 権力構造の謎 下』, 東京: 早川書房, 1990, p.289.

참고문헌

阿部斎 他, 『日本の政治』, 日本放送出版協会, 1986.

石井良介, 『天皇』, 山川出版社, 1982.

井上清, 『日本の歴史 上』, <岩波新書>, 岩波書店, 1963.

井上清, 『日本の歴史 中』, <岩波新書>, 岩波書店, 1965.

井上清, 『日本の歴史 下』, <岩波新書>, 岩波書店, 1966.

今谷明, 『武家と天皇』, <岩波新書>, 岩波書店, 1993.

上山春平, 『天皇制の深層』, 朝日新聞社, 1985.

菅孝行, 「中世の天皇 -近代における天皇の文化的淵源」 (古橋信孝編, 『天皇制の原像』, <現代のエスプリ別冊> 至文堂, 1986), pp.291-305.

坂本多賀雄, 『象徴天皇制度と日本の來歷』, 都市出版, 1995.

鈴木正幸, 『近代の天皇』 岩波ブックレット・シリーズ<日本近代史> 13, 岩波書店, 1992.

武光誠, 『君臨する天皇』, 文芸春秋, 1995.

田中彰, 『近代天皇制への道程』, 吉川弘文館, 1979.

丸山真男, 『増補版 現代政治の思想と行動』, 東京:未來社, 1964.

丸山真男, 『日本の思想』 <岩波新書>, 岩波書店, 1961.

森嶋通夫, 『なぜ日本は成功したか?』, TBSブリタニカ, 1984.

山本七平, 『派閥の研究』, 東京: 文春文庫, 1989.

Karel van Wolforen, *The Enigma of Japanese Power,* Hayakawa Publishing, inc. 1990. 篠原勝 訳, 『日本/ 権力構造の謎 上』, 早川書房, 1990.

Karel van Wolforen, *The Enigma of Japanese Power,* Hayakawa Publishing, Inc. 1990. 篠原勝 訳, 『日本/ 権力構造の謎 下』, 東京: 早川書房, 1990.

E. Herbert Norman, *Japan's Emergence as a Modern State; Political and*

Economic Problems of the Meiji Period, International Secretariat Institute of Pacific Relations, Publication Office, 1940.

Barrington Moore, Jr., *Social Origins of Dictatorship and Democracy: Lord and Peasant in the Making of the Modern World*, Beacon Press, Boston, 1966. ハリントン ムーア Jr. 著, 『獨裁と民主政治の起源 II』, 岩波書店, 1987.

Samuel P. Hungtington, *Political Order in Societies,* Yale University Press, 1968. サミュエル. ハンチントン 著, 『變革期社會の政治秩序上下』, サイマル出版會, 1972.

Ruth Benedict, *The Chrysanthemum and The Sword*, Houghton Miffin Co., 1967. 長谷川松治 訳『菊と刀』, 社会思想社, 1972.

尾藤正英・門脇禎二著, 『新日本史B』, <チャート式シリーズ>, 数研出版株式会社, 1995.

石井進・笠原一男・児玉幸多・笹山晴生 他8名 著, 『詳説 日本史 改訂版』, 山川出版社, 1998.

『日本史広辞典』, 山川出版社, 1997.

일본의 이중 권력, 쇼군과 천황

펴낸날	초판 1쇄 2006년 4월 30일
	초판 5쇄 2014년 12월 10일

지은이	다카시로 고이치
펴낸이	심만수
펴낸곳	(주)살림출판사
출판등록	1989년 11월 1일 제9-210호

주소	경기도 파주시 광인사길 30
전화	031-955-1350 팩스 031-624-1356
기획·편집	031-955-4671
홈페이지	http://www.sallimbooks.com
이메일	book@sallimbooks.com

ISBN   978-89-522-0503-2 04080

※ 값은 뒤표지에 있습니다.
※ 잘못 만들어진 책은 구입하신 서점에서 바꾸어 드립니다.

함께 읽으면 좋은 책

사회·문화

089 커피 이야기

eBook

김성윤(조선일보 기자)

커피는 일상을 영위하는 데 꼭 필요한 현대인의 생필품이 되어 버렸다. 중독성 있는 향, 마실수록 감미로운 쓴맛, 각성효과, 마음의 평화까지 제공하는 커피. 이 책에서 저자는 커피의 발견에 얽힌 이야기를 통해 그 기원을 설명한다. 커피의 문화사뿐만 아니라 커피에 대한 일반적인 정보 및 오해에 대해서도 쉽고 재미있게 소개한다.

021 색채의 상징, 색채의 심리

박영수(테마역사문화연구원 원장)

색채의 상징을 과학적으로 설명한 책. 색채의 이면에 숨어 있는 과학적 원리를 깨우쳐 주고 색채가 인간의 심리에 어떤 작용을 하는지를 여러 가지 분야의 사례를 통해 설명한다. 저자는 색에는 나름대로의 독특한 상징이 숨어 있으며, 성격에 따라 선호하는 색채도 다르다고 말한다.

001 미국의 좌파와 우파

eBook

이주영(건국대 사학과 명예교수)

진보와 보수 세력의 변천사를 통해 미국의 정치와 사회 그리고 문화가 어떻게 형성되고 변해왔는지를 추적한 책. 건국 초기의 자유방임주의가 경제위기의 상황에서 진보-좌파 세력의 득세로 이어진 과정, 민주당과 공화당의 대립과 갈등, '제2의 미국혁명'으로 일컬어지는 극우파의 성장 배경 등이 자연스럽게 서술된다.

002 미국의 정체성 10가지 코드로 미국을 말하다

eBook

김형인(한국외대 연구교수)

개인주의, 자유의 예찬, 평등주의, 법치주의, 다문화주의, 청교도 정신, 개척 정신, 실용주의, 과학·기술에 대한 신뢰, 미래지향성과 직설적 표현 등 10가지 코드를 통해 미국인의 정체성과 신념을 추적한 책. 미국인의 가치관과 정신이 어떠한 과정을 통해서 형성되고 변천되어 왔는지를 보여 준다.

사회·문화

058 중국의 문화코드

강진석(한국외대 연구교수)

중국의 핵심적인 문화코드를 통해 중국인의 과거와 현재, 문명의 형성 배경과 다양한 문화 양상을 조명한 책. 이 책은 중국인의 대표적인 기질이 어떠한 역사적 맥락에서 형성되었는지 주목한다. 또한, 구체적이고 실제적인 여러 사물과 사례를 중심으로 중국인의 사유방식에 대해 설명해 주고 있다.

057 중국의 정체성   `eBook`

강준영(한국외대 중국어과 교수)

중국, 중국인을 우리는 과연 어떻게 이해해야 하나? 우리 겨레의 역사와 직·간접적으로 끊임없이 영향을 주고받은 중국, 그러면서도 아직까지 그들의 속내를 자신 있게 말할 수 없는, 한편으로는 신비스럽고, 한편으로는 종잡을 수 없는 중국인에 대한 정체성을 명쾌하게 정리한 책.

015 오리엔탈리즘의 역사   `eBook`

정진농(부산대 영문과 교수)

동양인에 대한 서양인의 오만한 사고와 의식에 준엄한 항의를 했던 에드워드 사이드의 오리엔탈리즘. 이 책은 에드워드 사이드의 이론 해설에 머무르지 않고 진정한 오리엔탈리즘의 출발점과 그 과정, 그리고 현재와 미래의 조망까지 아우른다. 또한 오리엔탈리즘이 사이드가 발굴해 낸 새로운 개념이 결코 아님을 역설한다.

186 일본의 정체성   `eBook`

김필동(세명대 일어일문학과 교수)

일본인의 의식세계와 오늘의 일본을 만든 정신과 문화 등을 소개한 책. 일본인을 지배하는 이데올로기는 무엇이고 어떤 특징을 가지는지, 일본을 주목해야 하는 이유는 무엇인지 등이 서술된다. 일본인 행동양식의 특징과 토착적인 사상, 일본사회의 문화적 전통의 실체에 대한 분석을 통해 일본의 정체성을 체계적으로 살펴보고 있다.

사회·문화

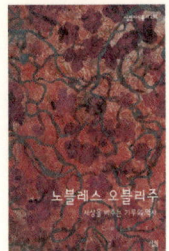

261 노블레스 오블리주 세상을 비추는 기부의 역사

예종석(한양대 경영학과 교수)

프랑스어로 '높은 사회적 신분에 상응하는 도덕적 의무'를 뜻하는 노블레스 오블리주. 고대 그리스부터 현대까지 이어지고 있는 노블레스 오블리주의 역사 및 미국과 우리나라의 기부 문화를 살펴보고, 새로운 시대정신으로 노블레스 오블리주를 부활시킬 수 있는 가능성을 모색해 본다.

396 치명적인 금융위기, 왜 유독 대한민국인가 `eBook`

오형규(한국경제신문 논설위원)

이 책은 전 세계적인 금융 리스크의 증가 현상을 살펴보는 동시에 유달리 위기에 취약한 대한민국 경제의 문제를 진단한다. 금융안정망 구축 방안과 같은 실용적인 경제정책에서부터 개개인이 기억해야 할 대비법까지 제시해 주는 이 책을 통해 현대사회의 뉴노멀이 되어 버린 금융위기에서 살아남는 방법을 확인해 보자.

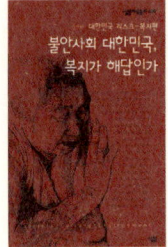

400 불안사회 대한민국, 복지가 해답인가 `eBook`

신광영 (중앙대 사회학과 교수)

대한민국 사회의 미래를 위해서 복지는 선택이 아니라 필수라고 말하는 책. 이를 위해 경제 위기, 사회해체, 저출산 고령화, 공동체 붕괴 등 불안사회 대한민국이 안고 있는 수많은 리스크를 진단한다. 저자는 사회적 위험에 대응하기 위한 복지 제도야말로 국민 모두의 삶의 질을 높일 수 있는 길이라는 것을 역설한다.

380 기후변화 이야기 `eBook`

이유진(녹색연합 기후에너지 정책위원)

이 책은 기후변화라는 위기의 시대를 살면서 우리가 알아야 할 기본지식을 소개한다. 저자는 기후변화와 관련된 핵심 쟁점들을 모두 정리하는 동시에 우리가 행동해야 할 실천적인 대안을 제시한다. 이를 통해 독자들은 기후변화 시대를 사는 우리가 무엇을 해야 할 것인지에 대하여 생각해 볼 수 있을 것이다.

사회·문화

eBook 표시가 되어있는 도서는 전자책으로 구매가 가능합니다.

- 001 미국의 좌파와 우파 | 이주영
- 002 미국의 정체성 | 김형인 eBook
- 003 마이너리티 역사 | 손영호
- 004 두 얼굴을 가진 하나님 | 김형인
- 005 MD | 정욱식 eBook
- 006 반미 | 김진웅
- 007 영화로 보는 미국 | 김성곤 eBook
- 008 미국 뒤집어보기 | 장석정
- 009 미국 문화지도 | 장석정
- 010 미국 메모랜덤 | 최성일
- 015 오리엔탈리즘의 역사 | 정진농 eBook
- 021 색채의 상징, 색채의 심리 | 박영수
- 028 조폭의 계보 | 방성수
- 037 마피아의 계보 | 안혁
- 039 유대인 | 정성호 eBook
- 048 르 몽드 | 최연구 eBook
- 057 중국의 정체성 | 강준영 eBook
- 058 중국의 문화코드 | 강진석
- 060 화교 | 정성호
- 061 중국인의 금기 | 장범성
- 077 21세기 한국의 문화혁명 | 이정덕 eBook
- 078 사건으로 보는 한국의 정치변동 | 양길현 eBook
- 079 미국을 만든 사상들 | 정경희 eBook
- 080 한반도 시나리오 | 정욱식
- 081 미국인의 발견 | 우수근
- 083 법으로 보는 미국 | 채동배
- 084 미국 여성사 | 이창신 eBook
- 089 커피 이야기 | 김성윤 eBook
- 090 축구의 문화사 | 이은호
- 098 프랑스 문화와 상상력 | 박기현 eBook
- 119 올림픽의 숨은 이야기 | 장원재
- 136 학계의 금기를 찾아서 | 강성민 eBook
- 137 미·중·일 새로운 패권전략 | 우수근
- 142 크리스마스 | 이영제
- 160 지중해학 | 박상진
- 161 동북아시아 비핵지대 | 이삼성 외
- 186 일본의 정체성 | 김필동 eBook
- 190 한국과 일본 | 하우봉
- 217 문화콘텐츠란 무엇인가 | 최연구 eBook
- 222 자살 | 이진홍 eBook
- 223 성, 억압과 진보의 역사 | 윤가현
- 224 아파트의 문화사 | 박철수 eBook
- 227 한국 축구 발전사 | 김성원 eBook
- 228 월드컵의 위대한 전설들 | 서준형
- 229 월드컵의 강국들 | 심재희
- 231 일본의 이중권력, 쇼군과 천황 | 다카시로 고이치
- 235 20대의 정체성 | 정성호 eBook
- 236 중년의 사회학 | 정성호 eBook
- 237 인권 | 차병직 eBook
- 238 헌법재판 이야기 | 오호택 eBook
- 248 탈식민주의에 대한 성찰 | 박종성 eBook
- 261 노블레스 오블리주 | 예종석
- 262 미국인의 탄생 | 김진웅
- 279 한국인의 관계심리학 | 권수영
- 282 사르트르의 보부아르의 계약결혼 | 변광배
- 284 동유럽의 민족 분쟁 | 김철민
- 288 한미 FTA 후 작업의 미래 | 김준성 eBook
- 299 이케다 하야토 | 권혁기 eBook
- 300 박정희 | 김성진 eBook
- 301 리콴유 | 김성진 eBook
- 302 덩샤오핑 | 박형기 eBook
- 303 마거릿 대처 | 박동운 eBook
- 304 로널드 레이건 | 김형곤 eBook
- 305 셰이크 모하메드 | 최진영 eBook
- 306 유엔사무총장 | 김정태 eBook
- 312 글로벌 리더 | 백형찬 eBook
- 320 대통령의 탄생 | 조지형
- 321 대통령의 퇴임 이후 | 김형곤
- 322 미국의 대통령 선거 | 윤용희
- 323 프랑스 대통령 이야기 | 최연구
- 328 베이징 | 조창완
- 329 상하이 | 김윤희
- 330 홍콩 | 유영하
- 331 중화경제의 리더들 | 박형기
- 332 중국의 엘리트 | 주장환
- 333 중국의 소수민족 | 정재남
- 334 중국을 이해하는 9가지 관점 | 우수근
- 344 보수와 진보의 정신분석 | 김용신 eBook
- 345 저작권 | 김기태
- 357 미국의 총기 문화 | 손영호
- 358 표트르 대제 | 박지배
- 359 조지 워싱턴 | 김형곤
- 360 나폴레옹 | 서정복
- 361 비스마르크 | 김장수
- 362 모택동 | 김승일
- 363 러시아의 정체성 | 기연수
- 364 너는 사탕 위험한 로봇이다 | 오은
- 365 발레리나를 꿈꾼 로봇 | 김선혁
- 366 로봇 선생님 가라사대 | 안동근
- 367 로봇 디자인의 숨겨진 규칙 | 구신애
- 368 로봇을 향한 열정, 일본 애니메이션 | 안병욱
- 378 데킬라 이야기 | 최명호 eBook
- 380 기후변화 이야기 | 이유진 eBook
- 385 이슬람 율법 | 공일주
- 390 법원 이야기 | 오호택
- 391 명예훼손이란 무엇인가 | 안상운
- 392 사법권의 독립 | 조지형
- 393 피해자학 강의 | 장규원 eBook
- 394 정보공개란 무엇인가 | 안상운 eBook
- 396 치명적인 금융위기, 왜 유독 대한민국인가 | 오형규 eBook
- 397 지방자치단체, 돈이 새고 있다 | 최인욱 eBook
- 398 스마트 위험사회가 온다 | 민경식 eBook
- 399 한반도 대재난, 대책은 있는가 | 이정직 eBook
- 400 불안사회 대한민국, 복지가 해답인가 | 신광영 eBook
- 401 21세기 대한민국 대외전략: 낭만적 평화란 없다 | 김기수 eBook
- 402 보이지 않는 위협 북핵주의 | 류현수 eBook
- 403 우리 헌법 이야기 | 오호택 eBook
- 405 문화생활과 문화주택 | 김용범 eBook
- 406 미래 주거의 대안 | 김혜승·이재준 eBook
- 407 개방과 폐쇄의 딜레마, 북한의 이중적 경제 | 남성욱·정유석 eBook
- 408 연극과 영화를 통해 본 북한사회 | 민병욱 eBook
- 409 먹기 위한 개방, 살기 위한 핵외교 | 김계동 eBook
- 410 북한 정권 붕괴 가능성과 대비 | 전경주 eBook
- 411 북한을 움직이는 힘, 군부의 패권경쟁 | 이영훈 eBook
- 412 인민의 천국에서 벌어지는 인권유린 | 허만호 eBook
- 428 역사로 본 중국음식 | 신계숙 eBook
- 429 일본요리의 역사 | 박병학 eBook
- 430 한국의 음식문화 | 도현신 eBook
- 431 프랑스 음식문화 | 민혜련 eBook
- 438 개헌 이야기 | 오호택
- 443 국제 난민 이야기 | 김철민
- 447 브랜드를 알면 자동차가 보인다 | 김홍식 eBook
- 473 NLL을 말하다 | 이상철 eBook

(주)살림출판사
www.sallimbooks.com
주소 경기도 파주시 문발동 522-1 | 전화 031-955-1350 | 팩스 031-955-1355